Género y producción poética

LA OBRA DE ELENA ANDRÉS

Para Eloísa
con mucho
cariño i y que
todo te vaya bien!

María Elena

enero · 2006

GÉNERO Y PRODUCCIÓN POÉTICA.
LA OBRA DE ELENA ANDRÉS
Primera edición: Abril 2001
Ediciones Torremozas, S.L., 2001

© María Elena Bravo Guerreira
© De esta edición: Torremozas, S.L.
I.S.B.N.: 84-7839-258-0
Depósito Legal: M. 12.613-2001
Fotocomposición e impresión:
TARAVILLA
Mesón de Paños, 6. 28013 Madrid

Con la colaboración de
FUNDACIÓN GLORIA FUERTES

EDICIONES TORREMOZAS, S.L.
Dirección: LUZMARÍA JIMÉNEZ FARO
Apartado 19.032 - 28080 Madrid
Teléfono: 91 350 50 27
Fax: 91 345 85 32
E-mail: torremozas@batch-pc.es
www.torremozas.com

MARÍA ELENA BRAVO GUERREIRA

Género y producción poética

LA OBRA
DE
ELENA ANDRÉS

EDICIONES TORREMOZAS
Madrid, 2001

INTRODUCCIÓN

En el prólogo que Gabriela Mistral escribió para *Júbilos* (1934) de Carmen Conde se lee «¡Qué bien se mueve una mujer en su reino!»[1]. En esta sencilla observación pudieran quizá condensarse algunos de los aspectos más intrigantes de los estudios de género. ¿Se podría pensar que, en efecto, el reino de la mujer es la palabra poética? ¿Que si la mujer tuviera palabra propia hablaría algo cercano a la poesía como quizá, yendo un paso más allá de la interpretación común, lo intuyó Bécquer en su famosa rima XXI? ¿Que para ir a beber el agua de la poesía, lo que relaciona al hombre con la mujer, algo que comparten pero que tiene en ella su primera raíz, es lo que se pone en juego?

El largo y fértil trayecto que han seguido las investigaciones feministas sobre la entidad-mujer, en todas sus vertientes, ha conducido a la apertura de nuevas perspectivas para la crítica literaria. Esencial es el descubrimiento del concepto de género en la configuración de la personalidad humana y, para nuestros fines, de la creación artística. Si bien la literatura fue desde el principio de los movimientos de conciención de la mujer, un vehículo expresivo de primer orden en cualquier lengua, incluida desde luego, la rica aportación en lengua española, el análisis crítico internacio-

---

[1] PILAR PALOMO hace referencia a este comentario de Gabriela Mistral sobre la poesía de Carmen Conde en *La poesía en el siglo xx (desde 1939)* (Madrid: Taurus, 1988) 67.

nal vino mucho más tarde y con reservas y debates por parte de las investigadoras que fueron abriendo campo dentro de lo que se conoce como «estudios sobre la mujer» (*Women's Studies*) originados al comienzo de los años setenta en los Estados Unidos. El pensamiento crítico feminista francés también ha contribuido de manera extraordinaria a abrir nuevos caminos en la comprensión de la relación entre poesía y mujer, o de la relación del género con la configuración del ser humano en su dimensión artística. El feminismo español en sus distintas etapas ofrece un gran interés general. Los estudios más influyentes dedicados a la mujer desde la Transición se originaron en las ciencias sociales, ya que la concienciación de las mujeres tenía un carácter de claro signo militante y social, la epistemología literaria es mucho más reciente [2].

---

[2] Antes de la Transición aparece el pionero de Lidia Falcón *Mujer y sociedad. Análisis de un fenómeno reaccionario* (Barcelona: Fontanella, 1969). A partir de ese periodo se encuentra una abundante bibliografía en aspectos históricos, muy notorios son los estudios del equipo de María Rosa Capel Martínez, *Mujer y sociedad en España 1700-1975* (Madrid: Ministerio de Cultura, 1982); de María Angeles Durán, *Liberación y utopía* (Madrid: Akal, 1982); el de Geraldine Scanlon; del equipo Linda Gould, Gloria Feiman Waldman et al. *Feminismo ante el franquismo* (Miami: Ediciones Universal, 1982); y de Geraldine M. Scanlon, *La polémica feminista en la España contemporánea. 1968-1979* (Madrid: Akal, 1986).

Respecto a la literatura, esenciales, pero desconocidos son algunos libros escritos durante la Segunda República por ejemplo el de Margarita Nelken, *Las escritoras españolas* (Barcelona: Labor, 1930) y Pilar Oñate, *El feminismo en la literatura española* (Madrid: Espasa Calpe, 1938).

Un caso muy valioso de epistemología multidisciplinar que pasó desapercibido es el primer libro de María Laffitte (Condesa de Campo Alange), *La secreta guerra de los sexos* (Madrid: Revista de Occidente, 1947). Con respecto a las investigaciones literarias hechas con posterioridad son notables las enciclopedias del equipo de Carolyn Galerstein, *Women Writers of Spain. An Annotated Bio-Biographical Guide* (Westport: Greenwood, 1986); y de Linda Gould, Ellen Engelson Marson y Gloria Feiman Waldman, *Spanish Women Writers. A Bio-Bibliographical Source Book*. Westfort (Connecticut: Greenwood Press, 1993); de María del Carmen Simón Palmer, *Escritoras españolas del siglo xix. Manual bio-bibliográfico* (Madrid: Castalia, 1991). Una contribución al tema que ha tenido gran

La crítica literaria anglo-norteamericana y francesa comenzó entre los debates, ya clásicos, sobre la conveniencia, según la perspectiva de activismo feminista, de utilizar «herramientas» propias de una cultura androcéntrica para afinar las investigaciones. Desde estas primeras dudas hasta el refinamiento de conceptos a los que hoy tenemos acceso, hay un largo y apasionante camino. Los pilares en los que se apoya este modelo de investigación fueron configurados en primer término, como se señala más arriba, por los estudios de mujeres estadounidenses a finales de la década de los sesenta. Estos estudios afirmaron lo que puede resumirse en las siguientes palabras de Elaine Showalter:

> Aunque las críticas feministas reconocen que el significado de género tiene que interpretarse dentro de una variedad de contextos históricos, nacionales, racionales y sexuales, mantienen que las escritoras *no son libres de renunciar o trascender su género por completo.* Las mujeres pueden diferenciar sus posiciones para distanciarse de cualquier estereotipo de feminidad y definirse también como negras, lesbianas, surafricanas u obreras; pero *negar que están afectadas por el hecho de ser mujer o es un autoengaño o es autodesprecio; legado de siglos de denigración del arte de la mujer* [3] (subrayado añadido).

---

difusión es la colección de ensayos de Carmen Martín Gaite, *Desde la ventana* (Madrid: Espasa, 1987). Entre los numerosos estudios que aparecen en la última década del siglo muy conocidos son el de Celia Amorós, *Hacia una crítica de la razón patriarcal* (Barcelona: Anthropos, 1992), el de Lidia Falcón, *La razón feminista.* (Barcelona: Fontanella, 1981 y 1982 con una nueva edición, Madrid: Vindicación Feminista, 1994) ; el de Susan Kirkpatrick, *Las románticas. Escritoras y subjetividad en España. 1835-1850* (Madrid: Cátedra, 1991); el de María Milagros Rivera Garretas, *Nombrar el mundo en femenino,* Barcelona: Icaría, 1994; el de Amelia Valcárcel, *Sexo y filosofía. (Sobre "mujer" y "poder")* (Barcelona: Anthropos, 1991). A partir de 1993 aparece *Breve historia feminista de la literatura española* (Madrid: Anthropos) coordinada por Myriam Díaz-Diocaretz e Iris Zavala.

[3] «Although feminist critics recognize that the meaning of gender needs to be interpreted within a variety of historical, national, racial and sexual contexts, they maintain that *women*

Descubrir la honda relación entre «sexualidad y textualidad, género biológico y género literario, identidad psicosexual y autoridad cultural» es el objetivo primordial de estas investigaciones, tal como lo expresan algunas de sus más eminentes representantes[4]. Que en esta búsqueda se hayan combinado todas las actitudes anteriormente adoptadas por las mujeres para reivindicar sus derechos como seres humanos plenos, hace, paradójicamente, que las interpretaciones de los textos se aproximen de forma natural a los estudios sobre epistemología artística del último tercio del siglo XX.

Dentro de lo que algunas teóricas, como Toril Moi y Mary Eagleton han llamado «la crítica francesa»[5] Hélène Cixous, una de sus máximas representantes, escribe en «Sorties» (*La nouvelle née*, 1986):

> Imposible actualmente *definir* una práctica femenina de la escritura, se trata de una imposibilidad que perdurará, pues esa práctica nunca se podrá *teorizar*, encerrar, codificar, lo que no significa que no exista. Pero siempre excederá al discurso regido por el sistema falocéntrico; tiene y tendrá lugar en ámbitos ajenos a los territorios subordinados al dominio filosófico-teórico. Sólo se dejará pensar por sujetos rompedores de automatis-

_____

writers are not free to renounce or transcend their gender entirely» ... « Women can differentiate their positions from any number of stereotypes of feminity, and define themselves also in terms of being black, lesbians, South African, or working class; but *to deny that they are affected by being women at all is self-delusion or self hatred* , the legacy of centuries of denigration of women's art». ELAINE SHOWALTER, «Introduction: The Raise of Gender», *Speaking of Gender* (New York: Routhledge, Chapman and Hall, 1989) 4.

[4] La cita corresponde al artículo de SANDRA GILBERT y CHERI REGISTER, «What do Feminist Critics Want?» en ELAINE SHAWALTER ed., *The New Feminist Criticism: Essays on Women, Literature and Theory* (London: Virago, 1986) 35.

[5] MARY EAGLETON define de esa forma la vertiente crítica que arranca de consideraciones lingüísticas y psicoanalistas, tal como las expone TORIL MOI en el artículo «Sexual/Textual Politics» aparecido en el libro editado por Eagleton *Feminist Literary Criticism* (New York: Longman Inc. 1991) 37-52. Por otra parte, ELAINE SHOWALTER se refiere a este tipo de crítica como «de la diferencia» cf. *Speaking of Gender* 3.

mos, los corredores periféricos nunca sometidos a autoridad alguna. Pero podemos comenzar a hablar. A designar algunos efectos, algunos componentes pulsionales, algunas relaciones de lo imaginario femenino con lo real, con la escritura [6].

Partiendo de estas reflexiones, se podría presumir que la poesía escrita por mujeres, o al menos la producida por algunas mujeres, entre las que contamos a Elena Andrés, arranca directamente de esta posibilidad.

Paradójicamente, por otra parte, las teorías más originales de la diferencia, que parten de los estudios postestructuralistas y del psicoanálisis, también exploran estos aspectos inapresables del discurso femenino que es accesible igualmente a los hombres; del discurso bisexual como lo ha llamado la propia Cixous. De la misma manera las críticas anti-teóricas estadounidenses pondrán de manifiesto estos aspectos, escurridizos y difícilmente formulables en términos teóricos, que, no obstante, constituirán la columna vertebral de las teorías de género. Así por un lado se escrutará, a contrapelo, lo expresado en la literatura escrita por varones. Su interpretación por parte de la mujer lectora según la propia experiencia, descubriendo las contradicciones y la influencia patriarcal en la definición del sexo femenino según el género construido socialmente (tal como se ve, por ejemplo, en el libro clásico *Sexual Politics*, 1970, de Kate Millet) va a ir dando origen a lo que Showalter denomina «crítica feminista»; por otro lado el estudio de todas las implicaciones que posee un texto escrito por mujer, teniendo en cuenta lo expuesto por Showalter más arriba (que una mujer no es libre de trascender su propio género en la escritura) constituirá, a su vez, la vertiente llamada «ginocrítica» en la que los aspectos femeninos silenciados cobran entidad, son éstos el cuerpo, el goce, la madre, el silencio... Mary Eagleton sintetiza

---

[6] *La risa de la medusa, ensayos sobre la escritura*, trad. ANA MARÍA MOIX (Barcelona: Anthropos, 1995) 54.

11

la actitud lectora, desde esta perspectiva de mujer, en lo que ella llama una secuencia interpretativa que va de la realidad a la autora, a la lectora, y de vuelta a la realidad. La lectora reconoce la validez de su lectura del texto y lo aplica a la comprensión de su propia vida. «En este paradigma» explica Eagleton «autora, personaje y lectora se unen en una exploración de lo que es mujer» [7]. Los textos así leídos adquieren unas dimensiones inusitadas que se han comparado a «efectos volcánicos» de energía reprimida y oculta, tal como se lee, por ejemplo, en la crítica de Sandra Gilbert y Cherie Register: «Cuando mis colegas y yo releímos la literatura de mujeres vimos que lo que escribieron podía haber parecido dócil, pero que, como el trabajo de Emily Dickinson, era con frecuencia subversivo de manera encubierta, incluso volcánico, y casi siempre profundamente revisionista» [8]. Estas mismas dimensiones ocultas del texto escrito por mujeres, adquiere el valor de un palimpsesto, «un texto sumergido que antes era mudo y ahora emerge», «una demanda para ver significado en lo que previamente había sido sólo espacio en blanco» [9].

Como se puede percibir, entonces, estas feministas estadounidenses corren de manera paralela a la epistemología de Gadamer, Jauss, Isser y en general a las teorías de la lectura; de la misma manera su actitud iconoclasta las aproxima a los estudios postestructuralistas que se originan en Francia, particularmente a partir de Barthes, y finalmente las lecturas tanto de la crítica feminista, como las de la ginocrítica, poseen un especial parentesco y afinidad con las teorías decons-

---

[7] *Feminist Literary Criticism* (1991) 9.

[8] «As my colleagues and I reread the literature of these women, we saw that what they wrote may have seemed docile enough - but that like Dickinson's work, it was often covertly subversive, even volcanic, and almost always profoundly revisionary», en ELAINE SHAWALTER ed., *The New Feminist Criticism: Essays on Women, Literature and Theory* (London: Virago, 1986) 35.

[9] ELAINE SHOWALTER, «Literary Criticism in the Wilderness» en Elizabth Able ed. *Writing and Sexual Difference* (Chicago: Univeristy of Chicago Press, 1982) 9-36.

tructivas. El texto abierto en conflicto consigo mismo, el texto de significantes siempre en cuestión, tiene también mucho que ver con lo que Cixous ve en la escritura femenina y que se verá aflorar una y otra vez en la poesía de Elena Andrés.

Al mismo tiempo las indagaciones a nivel psicoanalítico sobre la relación entre lengua e inconsciente (lo imaginario y lo simbólico) entran de lleno en el punto de mira de la teoría literaria feminista. Se puede decir que la enriquecedora relación del pensamiento revisionista que proclama el feminismo literario con la crítica postestructuralista, ha constituido la base de los estudios de género al ponerse en contacto con la deconstrucción, la ligüística, el psicoanális y el marxismo, que han permitido una comprensión más profunda del texto, y en particular del texto poético, tanto el escrito por mujeres como por hombres.

Con la perspectiva deconstructiva coinciden, por ejemplo, en el escrutinio de un texto que se abre al preguntarle por las contradicciones, las leyes de la retórica o los silencios. Las teorías psicoanalíticas de las relaciones objetales, particularmente en la aplicación que de ellas hace Nancy Chodorov, se plantean indagar, por ejemplo, dónde está Jocasta en la tragedia de Edipo o cuál es el papel de la esfinge. La madre como sujeto, no como objeto tal como la cultura patriarcal ha tendido a presentarla, es un aspecto cultural de primer orden que aún está por descubrir y que en los textos literarios suele aparecer de manera sumergida. Las genealogías femeninas que la cultura ha solido borrar aparecen con inusitada fuerza. Así Luce Irigaray se pregunta por el mito de Coré y Demeter, o Hélène Cixous, reinterpreta el papel de Eva en el texto bíblico. Consciente o inconscientemente estos aspectos están enterrados en los textos de mujeres y en los de los hombres, y la nueva epistemología de género va denunciando esos misteriosos silencios que se encierran frecuentemente en el texto poético. Temas y actitudes que surgen con efervescencia y de manera reiterada en los poemas de Elena Andrés como se verá enseguida.

El inconsciente y su enorme importancia en la dimensión humana es otro de los ámbitos a los que se acerca en particular la crítica feminista francesa y, en consecuencia, la de género, dado el papel de la inmersión en la madre y en lo femenino que constituyen las primeras etapas de la configuración humana. La consideración del papel de la lingüística, a partir del concepto de la lengua como sistema de signos cuyos significantes están en constante flotación, en una carrera metonímica que no alcanza nunca la meta, es el punto de partida de la lectura que Jacques Lacan realiza de las etapas definidas por Sigmund Freud, preedípicas, edípicas y de superación del complejo de castración. Estas interpretaciones constituyen un campo de investigación muy interesante para la teoría literaria y así lo comprendieron las investigadoras feministas, cuya pionera en este aspecto es Juliet Mitchell [10]. De la misma manera, la comprensión de lo que constituye el orden simbólico y el orden imaginario en el acceso a la lengua y a la identidad, abierto por el pensamiento lacaniano, ha facilitado una articulación feraz de los mecanismos poéticos en general y no sólo de los emparentados con el surrealismo. Esta perspectiva, como se verá en los análisis que siguen, resulta de particular interés al contemplar la creación poética de Elena Andrés que presenta, desde luego, fuertes componentes de carácter surrealista.

Estudios que no son propiamente feministas ni específicamente de género, pero que sin duda incumben a ambos, son las investigaciones de Julia Kristeva con relación al lenguaje literario como subversivo del orden simbólico, definido por Lacan, como portador de los lazos que siguen uniendo al sujeto con su inconsciente. Siguiendo la exploración freudiana de los

---

[10] Cf. un amplio panorama de las posibilidades de las teorías cercanas al psicoanálisis en JANE GALLOP, *The Daughters of Seduction: Feminism and Psychoanalysis* (New York: Cornell University Press, 1982) y el pionero, al que el texto se refiere, de JULIET MITCHELL, *Psychoanalysis And Feminism* (London: Harmondsworth; Penguin, 1974).

mecanismos del inconsciente, y los realizados en este mismo sentido por Jacques Lacan, Kristeva profundiza en el orden imaginario lacaniano, el que está íntimamente ligado a la madre y en consecuencia, a lo femenino pero que, de nuevo, atañe tanto a la mujer como al hombre. Esta etapa en las investigaciones de Kristeva pasará a llamarse semiótica y no imaginaria, porque aparece como umbral para que los procesos significativos sean posibles una vez que se accede al orden simbólico es decir, a la lengua. Las investigaciones de Kristeva exponen las raíces tanto de la lengua como de los procesos de la misma conciencia, tal como se revelan en el lenguaje poético. Es éste portador de subversión y por lo tanto revolucionario del orden simbólico (al mismo tiempo que posibilita la existencia de este orden cultural, social, emocional) mientras reconoce las pulsiones, positivas y las negativas, con implicaciones que exploran la locura, la muerte, la desintegración del ser. Para Kristeva el lenguaje poético es un exponente máximo de los procesos significativos contemplados milagrosamente en la producción del texto poético de manera sincrónica. Como se verá, estas posibilidades de exploración cobran particular brillo si se aplican a la lectura de la poesía de Elena Andrés.

En resumen, en el estudio que sigue, se ha pretendido explorar una voz poética de primer orden perteneciente a la segunda mitad del siglo xx, a la luz de unas metodologías basadas en gran parte en los estudios de género. Tales metodologías, que permiten indagar la creación de Elena Andrés con hondura, contribuyen en general a una comprensión mejor de las voces poéticas ya se trate de creaciones de mujeres o de hombres. Alumbran y muestran las perspectivas enriquecedoras que el género aporta para una mayor comprensión de la inconmesurable creación artística.

María Elena Bravo

I. LA POESÍA DE ELENA ANDRÉS EN EL PANORAMA DE LA SEGUNDA MITAD DEL SIGLO XX

La voz de Elena Andrés, como la de una sibila de nuestra época, abre la puerta a la contemplación de las fronteras del mundo constatable y a los abismos del misterio y del inconsciente de una manera única en el panorama poético de la segunda mited del siglo xx español. El mundo que se atisba, oculto e inquietante, no tiene parangón entre las ricas perspectivas poéticas de esos cincuenta años, aunque sí tenga relación con ellas. La poesía de Elena Andrés coincide cronológicamente con todos los momentos mayores de la poesía española desde mediada la postguerra hasta el fin del siglo, ya que esta poeta nació en 1931 y publicó su primer libro, *El buscador*, en 1959 (aunque lo escribió en 1955) y su último, *Paisajes conjurados*, en 1997.

Según las agrupaciones más comunes por movimientos, la creación de Elena Andrés es contemporánea, así pues, de la *poesía existencial y de búsqueda humana* que se manifiesta a partir de los años cuarenta (Dámaso Alonso, Blas de Otero, Gabriel Celaya, José María Valverde, José Luis Hidalgo, José Hierro, Julio Maruri, Angela Figuera, José Hierro, María Beneyto, Vicente Gaos, Elena Martín Vivaldi, Concha Zardoya...); de *la poesía que prima una creación introspectiva, estética y depurada*, en una línea que no había roto sus raíces con la generación del 27 (Vicente Aleixandre, Gerardo Diego, Luis Rosales, Carmen Conde, y más tarde Carlos Bousoño, Claudio Rodríguez...); de *la poesía de un testimonio atormentado,* (Miguel Hernández, Luis Rosales, Luis Felipe Vivanco, Gabriel Celaya, José María Valverde, Dionisio Ridruejo, Leopoldo Panero, José Hierro, Carlos Barral...); de *la poesía de oposición a la norma y de raíces surreales, postismo* (Carlos Edmundo de Ory, Gabino Alejandro Carriedo, Angel Crespo, la primera Gloria Fuertes, Juan Eduardo Cirlot) de *la poesía de rebelión, y denuncia hasta subversión* (Victoriano Crémer, Jaime Gil de Biedna, Eladio Cabañero, Félix Grande, Angel González, Carlos Sahagún, José Agustín Goytisolo, Gloria Fuertes...). La poesía de los años cuarenta, cincuenta y sesenta, como la de cualquier agrupación de decenios consecutivos, muestra una convivencia de tendencias poéticas, una evolución, una comunidad ambiental y cultural que las relaciona entre sí y las nutre, un caldo de cultivo que permite la constante llegada de otros puntos de vista. Entre estas múltiples variedades y alimentada por ellas pero distinta a todas ellas nace la poesía de Elena Andrés.

En los años setenta aparece *la tendencia hacia el refinamiento estético y el cosmopolitismo cultural,* definido por los llamados «novísimos» (Juan Antonio de Villena, Pedro Gimferrer, José Olivio Jiménez, Francisco Brines, Jaime Gil de Biedma, José Angel Valente, Angélika Bécquer, Guillermo Carnero, José María Caballero Bonald, Juan Gil-Albert, Juan Luis Panero...), y en los años ochenta y noventa se tiende a dedicar una atención especial a *la poesía escrita por mujeres* que cuenta con un número copioso de nombres y una diversidad de edades y promociones. A las voces poéticas de mujeres que habían aparecido intercaladas en las décadas anteriores, Ernestina de Chapourcin, Carmen Conde, Angela Figuera, Concha Zardoya, Concha Lagos, la completamente olvidada Ana María Sagi, María Victoria Atencia, María Elvira Lacaci, María Beneyto, Elena Martín Vivaldi, la propia Elena Andrés, se unen, para informar sobre un conjunto más completo de la creación poética de las mujeres en el siglo veinte, ilustres nombres que pertenecían plenamente al periodo de postguerra: Cristina Lacasa, Aurora de Albornoz, Susana March, Pino Ojeda, María Victoria Atencia, Julia Uceda, Francisca Aguirre, Pureza Canelo, Ana María Fagundo, Fanny Rubio, y una nueva ola de poetas que surgen a partir de los años ochenta: Ana Rosetti, Almudena Guzmán, Blanca Andreu, Andrea Luca, Carmen Borja, Clara Janés, María Sanz, Concha García, Amparo Amorós, Amalia Iglesias, Juana Castro...

De todo este brillante panorama forma parte nuestra poeta, aunque su presencia, haya tenido siempre carácter singular, inquietante y reservado. En las historias literarias más difundidas sobre la segunda mitad del siglo no se recibe su aportación como tampoco la de otras poetas de importancia innegable [1] y, si bien es cierto que en cierta parte de las antologías su obra ha sido tenida en cuenta, también lo es que en algunas de las más conocidas no se menciona el nombre de Elena Andrés [2]. Un factor importante a la hora de revisar el acceso de los lectores a la obra de los poetas en general es el limitado número de ejemplares en las tiradas de los libros, que tienden a desaparecer

---

[1] Nótese esta ausencia en, por ejemplo MANUEL MANTERO, *Poesía española de posguerra* (Madrid: Espasa Universidad, 1986). JOSÉ OLIVIO JIMÉNEZ, *Diez años de poesía española (1960-1970)* (Madrid: Insula, 1972); VÍCTOR GARCÍA DE LA CONCHA, *Poesía española de posguerra* (Madrid: Prensa Española, 1973); JOSÉ LUIS GARCÍA MARTÍN, *La segunda generación poética de posguerra.* (Badajoz: Diputación de Badajoz, 1986); CONCHA ZARDOYA, *Poesía española del siglo XX,* volumen IV (Madrid: Gredos, 1974). JOAQUÍN MARCO, *Poesía española de siglo xx* (Barcelona Edhasa, 1986). MARINA MAYORAL, *Poesía española contemporánea* (Madrid: Gredos, 1973).

[2] Véase la lista de las antologías en las que se incluye a nuestra escritora en la bibliografía de este libro. Otros detalles pueden encontrarse en MARÍA ELENA BRAVO, «Ausencias/presencias en la poesía de postguerra: el caso de Elena Andrés», *Letras Peninsulares* (Winter 1996-97) 379-389. Algunas de las notables antologías en las que no se menciona a ELENA ANDRÉS son la de JOSÉ BATLLÓ *De la nueva poesía española* (Madrid: Ciencia Nueva «El Bardo» 1968); LEOPOLDO DE LUIS, *Antología de poesía Social* (1969); FANNY RUBIO y JOSÉ LUIS FALCÓ, *Poesía española contemporánea* (Madrid: Alhambra, 1981); SHARON KEEFE UGALDE, *Conversaciones y poemas. La nueva poesía femenina en castellano* (Madrid: siglo XXI, 1991).

rápidamente, caso en el que también se encuentra esta poeta, cuyos primeros libros son muy difíciles de encontrar. No obstante al revisar las revistas literarias y los diarios del momento, se halla constatación de la acogida y el reconocimiento recibido por Elena Andrés desde su primera publicación hasta la más reciente. Es precisamente el carácter único de su obra lo que llama la atención de esa crítica inicial que puede clasificarse de abierta y perspicaz. Los primeros artículos y reseñas fueron especialmente importantes para la afirmación poética de esta escritora puesto que reconocieron su don y la apoyaron sostenidamente. Hasta el momento la obra de Elena Andrés consta de los siguientes títulos: *El buscador* (1959) publicado por Ediciones Ágora, que dirigía la poeta Concha Lagos; *Eterna vela* (1961) finalista del Premio Adonais y publicada en la Colección Adonais de Ediciones Rialp, dirigida por José Luis Cano; *Dos caminos* (1964), también publicada en Adonais cuyo accesit ganó ese año; *Desde aquí mis señales* (1971) que está realmente compuesto por tres libros: «Este tiempo acuciante», «Tregua» y «Personajes». El volumen fue publicado en la Colección Álamo de Salamanca; le siguió *Trance de la vigilia colmada* (1980) publicado en Barcelona en la colección de poesía Ambito Literario, cuyo segundo premio le fue concedido; *Talismán de identidad* (1992) publicado en la Colección Torremozas, especializada en poesía de mujer y dirigida por la poeta Luz María Jiménez Faro, es una antología de la obra publicada hasta esa fecha, más algunos poemas que anticipaban su último libro; por último *Paisajes conjurados* (1997) en la Colección Fenice de poesía de la editorial Huerga Fierro. Elena Andrés ha publicado además sistemáticamente en revistas literarias a partir de su aparición en *La Revista de Occidente* en 1958. Esta poeta ha sido una presencia frecuente, como lectora y como audiencia, en las inigualables tertulias de poesia hispanoamericana, organizadas por Rafael Montesinos, que no han dejado nunca de reunirse desde los años cincuenta. Como se deduce de lo expuesto, toda la creación de

Elena Andrés apareció desde el principio y sigue apareciendo, dentro en los ámbitos más neurálgicos de la poesía en sus momentos respectivos. Elena Andrés, desde su primer libro ha formado parte de los ámbito consagrados como también corroboran las primeras reacciones de la crítica ante su obra.

II. LA RECEPCIÓN CRÍTICA

De entre la copiosa reacción crítica al aparecer los libros, se examinará aquí una muestra representativa. A raíz de la aparición de *El buscador* (1959), el crítico Victor Alperi la sitúa en la onda existencial, debido al dolor que el libro expresaba, reflejo del ambiente sombrío de la herencia de la guerra: «La poesía de Elena Andrés es ... la gota verdadera de nuestro tiempo: la gota condensada de todo el dolor, de todo el sufrimiento de miles y miles de personas que caminan igual que sombras»[3]. El aspecto de lo oculto y misterioso que es tan sorprendente en el libro, se menciona pero no se registra como parte integrante. Sin embargo esto es lo que más llama la atención de Francisco Fernández Santos[4] para quien esta poesía «está fuertemente abierta al mundo de la realidad que nos rodea, es una palpitación dramática e impaciente de ese mundo; pero al mismo tiempo la subjetividad de la autora se hace llama con que prender fuego a ese mundo, conviértiéndole en un fantasma poético, en una contrafigura dimánica y arrebatada de sí mismo». Una contraposición de dos realidades, así pues, aparece aquí reseñada por primera vez. Fernández-Santos concluye que esta poesía no es panteista sino más bien «pandemonista», ya que «es el demonio, es decir la potencia oscura de la lucha y la contradicción quien une aquí al mundo natural y al mundo humano en un

---

[3] Víctor Alperi, «Las poesías de Elena Andrés», *La voz de Asturias*, Oviedo (4-IX-59).

[4] Francisco Fernández Santos, «El Buscador», *Cuadernos* (París), n.º 45 (nov.-dic. 1960).

movimiento rebelde contra toda quietud». Esta reseña acierta cuando sitúa a Elena Andrés en una línea de poesia enigmática y única. Desde *La Nación* de Buenos Aires, José Blanco Amor [5] se refiere, como lo hacia Victor Alperi, a la dimensión existencial de esta poeta: «La literatura de nuestro tiempo se ha puesto a buscarle una explicación al mundo y una explicación al hombre en el mundo» la dimensión del dolor se manifiesta en un mundo entenebrecido: «Porque —así parece decírnoslo la autora— vivimos en un mundo sin ídolos, sin dioses, y sin un sistema de valores éticos». Para Blanco Amor la presencia aleatoria del Buscador sustituye las certidumbres religiosas.

Con relación a *Eterna vela* (1961) Carlos Luis Álvarez [6] exalta «la canción del no estar siendo», contradicción inherente en el hecho poético que va a la inversa de su propio mensaje y que entusiasma al crítico: «He aquí .... la palanca o hálito que ha creado el mundo de Elena Andrés: la no existencia. No tanto el no ser como el no estar siendo. Olvido, silencio, desnacer, vacío, nada, diluirse, sin, ausencia, ... épica del anonadamiento». Y así la paradoja de esta poesía incita a la reflexión del lector: «Al expresar cumplidamente lo que no está existiendo, algo, en verdad, comienza a ser. La voz del poeta es algo que es, que está. Esa voz no se define negativamente sino positivamente. En la relación entre esta existencia y la no existencia creada por la voz, estriba la magia poética». El crítico valora como una de las carácterísticas esenciales de la poesía la comunicación suscitada por la incitación a reflexionar: «Por eso cuando me admiro ... por partida doble: ante lo que estoy leyendo y ante mi propia admiración, ... Hay, existe, con firmeza impenetrable, el no existir». El crítico se refiere además a la creación de «un universo trascendente» a partir de su negación relaciona con el mundo de la mística: «Ele-

    [5] José Blanco Amor, «El Buscador», *La Nación* (Buenos Aires), Domingo 1 nov. 1959.

    [6] Carlos Luis Alvarez, «Eterna vela», *Blanco y Negro* (Madrid), n.° 2068 (28-4-1962).

na Andrés crea ausencias, vacíos, silencios, huecos, nadas y nadies. Dios, ¿no es para los místicos un desierto sonoro?» Luis Jiménez Martos ha acompañado a nuestra poeta desde su reseña de *Eterna vela* [7]. Hasta el momento presente, ya que fue él quien hizo la presentación de Elena André en la lectura organizada por Rafael Montesinos en la primavera de 1998 para presentar el último poemario, *Paisajes conjurados*. En aquellas primeras reflexiones el crítico reconoce lo insólito de la poesía: «se desenvuelve en una zona muy poco frecuentada hoy». Lo que le llama la atención es precisamente lo ultrasensorial: «su mundo aparece lleno de extrañas luces, nieblas, grises colores, ondinas, fuegos fatuos... Pero no por esto, como pudiera pensarse, nos encontramos ante una poesía de evasión, sino ante una búsqueda psicológica intensa que utiliza elementos expresionistas para ahondar en el espíritu de quien escribe y también de los otros». Los juicios de Luis Jiménez Martos, como Carlos Luis Alvarez, evitando la inclusión de la poeta en ninguno de los círculos vigentes, aciertan plenamente en señalar lo más inquietante y valioso de esta poesía.

De la misma manera Juan Mollá, otro de los críticos que ha seguido a Elena Andrés hasta hoy mismo, llamaba la atención a lo inusual en su reseña de *Dos caminos* (1964) [8]: «Un libro singular, un poco fuera del tiempo». Un mundo esotérico y oscuro que el crítico lo relaciona con lo ultra-real: «Es un libro tenebroso y a la vez penetrado por una extraña luz, un atisbo de la realidad desnuda, entrevista como mágicamente. Elena Andrés parece una sibila, una maga que intenta atravesar las apariencias para buscar el sentido de las cosas [...] no en balde su poesía tiene un aspecto onírico, fantasmal, enigmático. Como sueños significativos. Como sucesos ultra-reales, sensaciones oscuras en que nos rozan presencias invisibles». En medio

---

[7] Luis Jiménez Martos, «Eterna vela», *La Estafeta Literaria* (Madrid), n.º 262 (marzo 1963).

[8] Juan Mollá, «Dos caminos», *El Ciervo* (Madrid), n.º 132 (feb. 1965).

de este mundo «de sombras» se presiente una posibilidad de algo que puede encontrarse «al fondo de la niebla». Pero es quizá sólo un espejismo . Otro aspecto que el crítico admira es de la construcción de los versos: «Formalmente los versos van alcanzando una tensión y una plenitud creciente. Voz rotunda, identificada con la idea que plasma». Luis Jiménez Martos subraya en este tercer libro [9] la misma dualidad de realidades a la que se refiere Juan Mollá, y confirma la opinión de su reseña sobre *Eterne vela*, en la que aparecen lo consciente y lo inconsciente: «una intensa subjetividad» que consiste en «volver los ojos del alma hacia adentro al sentir que el contorno de la realidad aparente se torna inseguro y borroso en sus límites y formas [...] se hace muy difícil distinguir las fronteras entre lo consciente y lo inconsciente». Jiménez Martos detecta, consecuentemente «una impresionante agitación espiritual». Las dos realidades se manifiestan en los bordes de la neurosis y de la lucidez: «El libro es como un itinerario con mucho de obsesivo, pero a la vez lúcido, penetrando siempre por el detrás de las cosas». La poeta quiere buscar una serenidad no obstante, serenidad «tal vez imposible», «Imposibilidad de aceptar lo que es tal como es». Estas características son las que constituyen la importantísima aportación de Elena Andrés: «una poesía muy infrecuente y valiosa, sin servidumbre a ninguna moda preconcebida».

Si tenemos en cuenta que 1964 es posiblemente el año de culminación del llamado realismo crítico en la novela, y de la poesía social, el año en que se ve un forcejeo claro entre los intelectuales y el régimen (veinticinco años de paz), el año en que se vislumbra una salida del mundo poilíticamente estancado de la primera postguerra, podemos entender mejor la reacción de Rafael Morales ante *Dos caminos* [10]. La realidad de

---

[9] Luis Jiménez Martos, «Exploración e imaginación», *La Atlántida* (Madrid) (nov.-dic. 1964): 676-77.

[10] Rafael Morales, «La otra realidad de Elena Andrés», *Arriba* (Madrid), 16 julio 1964.

Elena Andrés poco tiene que ver con esto. Por eso su reseña se titula «la otra realidad de Elena Andrés» una realidad de cariz espiritual: «Hay otra realidad que también vivimos, que también impresiona y que está más alla del mundo sensorial, de nuestras experiencias y vivencias». La cara interior de la realidad de Elena Andrés está compuesta por sus sueños en los que «se repite una teoría de sueños y visiones velados por algún dolor. Lo frustrado, lo que pudo ser y no fue, lo que es de un modo y debiera ser de otro, lo intangible en la vida, pero que está tan presente como el mundo objetivo en el ánimo de la poetisa, todo ello junto, fundido, suele motivar los poemas de este libro original y bello con el que Elena Andrés nos presenta la cara interior de la realidad, su realidad».

La solidez y la seguridad del «iter» poético de Elena Andrés es lo que subraya el crítico Miguel Dolç al enjuiciar *Dos caminos* [11] y relacionarlo con los libros anteriores «la poesía de Elena Andrés [es] una de las más ordenadas y limpias que se producen en nuestros días; y, además, de las más íntimas y coherentes». Miguel Dolç dice que le resulta muy difícil seleccionar porque esta poesía «ofrece constantemente una misma altura de tono e intensidad, a pesar de los años que median entre sus libros». Un segundo aspecto que resalta y que amplía lo dicho por Carlos Luis Alvarez en 1961 con relación a *Eterna vela*, es el tema de la comunicación que el arte y sólo el arte posibilita. Según Dolç se crea cierta comunión entre Elena Andrés y todos nosotros. El lector puede entenderla, así el mundo que se vislumbra es un mundo atormentado pero compartido y que en cierto modo redime: «Elena Andrés .... carga generosamente con el dolor de todos para dar un sentido al género humano, no empuja, sin embargo su canto como si fuera una fatal dolencia. Nos transmite, por el contrario sus lejanías, sus pesadumbres o sus interrogantes con alada fuer-

---

[11] MIGUEL DOLÇ, «Los caminos de Elena Andrés», *Las Provincias* (Valencia) (agosto 1967).

za mágica». El crítico relaciona con Ortega y Gasset la importancia de lo pequeño, de los detalles en esta poesía que los inserta en lo trascendente: «la vida esencial no consiste sólo en estos seres importantes que nos taladran lentamente la imaginación; sino también en estos objetos insignificantes que nos atan con fuerza a cada uno de los azares de los destinos».

De los juicios hasta ahora formulados, puede sacarse la conclusión de que los críticos vieron desde el primer momento el valor de la creación poética de Elena Andrés cuyo camino consiste en la exploración de las profundidades sicológicas de un mundo oculto y oscuro, en contraste con la realidad perceptible del mundo consciente, el poder relacionado con los sueños (Juan Mollá y Rafael Morales y sus observaciones sobre lo consciente y lo inconsciente; Luis Jiménez Martos al hablar de la dualidad de realidades de *Dos caminos* y de la intensa búsqueda sicológia de *Eterna vela*; Fernández Santos al ver en *El buscador* lo oscuro y lo negativo). Importantísimas opiniones que vienen a poner de relieve un tipo de poesía que con razón calificaron sistemáticamente de única. Un segundo aspecto que se puede extraer de las primeras críticas, es el del valor de esta poesía como instrumento óptimo para conocer, desde una perspectiva epistemológica, la potencia de la palabra artística, la sima de la mente humana (Carlos Luis Alvarez al reflexionar sobre esta poesía que crea lo que denuncia como imposible, la verdadera existencia, y Miguel Dolç con su opinión sobre la comunicación a un nivel poético). Al mismo tiempo se ha visto un esfuerzo por emparentar la creación con las tendencias que eran más generalizadas en los momentos de su aparición, la existencial y la del realismo crítico. La existencialista (V. Alperi y Blanco Amor, incluso Miguel Dolç, con su mención específica de Ortega) y la social (Rafael Morales).

La característica de ser una poesía de mujer, no fue observada por ninguno de estos críticos como parte sintómatica de la creación que juzgan; en realidad hasta las décadas de los ochenta y noventa el factor de ser mujer como creadora no se tiene en cuenta en la mayoría de la crítica literaria. En la propia poeta esa circunstancia no parece contar tampoco de forma consciente. Tanto ella como sus críticos sitúan la voz como universal, alejada de cualquier factor circunstancial, como lo es el ser mujer. Por eso resulta tanto más sorprendente la reseña de *Dos caminos* hecha por Melchor Fernández Almagro [12]. Este crítico cree reconocer aspectos que sólo se encuentran en poesía de mujer y relaciona a Elena Andrés con las mujeres americanas: Gabriela Mistral, Alfonsina Storni, Juana de Ibarburou, y Delmira Agustini, cuyas potentes voces a nivel de recepción crítica como conjunto marcado por el género, según los parámetros de la crítica internacional de los años ochenta y noventa, preceden al actual resurgimiento de la mujer como voz poética en el siglo XX: «Nos parece que han sido las poetisas quienes han dado motivo a que se vuelva a caer en la cuenta de que el hombre y la mujer hacen poesía, por lo común, de muy distinta manera». La sensibilidad que posee Elena Andrés, la hace femenina «fino oído musical, gustoso del ritornello» como lo es la manera en que trata el amor a las cosas. Es interesante que relacione este tipo de feminidad en la poesía con el subconsciente: «Elena Andrés sabe no poco del sueño, del ensueño, y, en su momento, de la pesadilla. Es así como se interna la poesía en el subconsciente entre fantasmagorías y vislumbres de la realidad vivida y experimentada en la vigilia». Así aparece también el tema de las dos realidades, una de ellas inmersa en el inconsciente pero amarrada a lo que el crítico llama la vigilia, unidas ambas por el puente que constituye la poesía: «puente tendido por la imaginación desde la firme orilla del dato concreto, los muebles, por ejemplo, los árboles y flores del jardín familiar, aquella bestezuela con la que se convive, nada digamos del pájaro o del pez, estímulos de

---

[12] MELCHOR FERNÁNDEZ ALMAGRO, «Dos caminos por Elena Andrés», *ABC Dominical* (Madrid) 21-6-1964.

27

perennes interrogantes [...] Todo ello, combinado desordenadamente, da lugar a 'pesadillas' como la del poema así titulado, con mucho de pintura moderna, entre Juan Gris, por ejemplo, y lo abstracto, dando pie al desconcierto del sueño penoso, la expresiva composicón». Las observaciones de Fernández Almagro se refieren aquí por primera vez a la relación entre la pintura y la poesía que en la obra de Elena Andrés, tienen sin duda un peso y una expresión perfectamente observable y más aún a medida que la producción poética se ha ido ensanchando. Lo que verdaderamente llama la atención además, es la idea de que la palabra poética de Elena Andrés ilustra el paso que hay de la pintura cubista a la pintura surrealista y a la abstracta. De manera que al mismo tiempo se ha señalado la total independencia creativa, se ha relacionado esta obra con la estilística y se ha abierto la posibilidad de investigar el aspecto que va a aparecer más adelante, la teoria de género.

Respecto a *Desde aqui mis señales* (1971), interesa destacar tres reseñas, las de Carlos Murciano, Miguel Santerbás y Emilio Miró [13], que exponen el continuado interés por la obra al volver a emerger después de seis años. Carlos Murciano se refiere a la doble dimensión del libro: «*Desde aquí mis señales* es un libro amplio, denso: cincuenta y cinco poemas, doscientas páginas, seis años de lento laborar ha hecho posibles las tres partes en que se estructura». Destaca el aspecto plástico que se manifiesta en paisajes interiores expuestos a través de la mirada: «desde que arranca el primer poema, esos paisajes se suceden sin tregua, repetidos, cambiantes..... mundo alucinante, mordido por el puma de lo irreal, chorreante de memoria, sangrante» A diferencia de Tristán Tzara, quien escribió «yo voy cargado de paisajes muertos», estos paisajes de

---

[13] CARLOS MURCIANO, «Desde aquí mis señales de Elena Andrés», *Poesía Hispánica* n.º 230 Segunda Época (febrero 1972); SANTIAGO SANTERBÁS RODRÍGUEZ,*Triunfo*. (Madrid) (diciembre 1971); EMILIO MIRÓ, «Desde aquí mis señales», *Ínsula*, n.º 500-501 (nov.-dic. 1971): 15.

Elena Andrés viven, respiran, «son». La relación oscura entre la muerte y la vida se percibe desde la repetida presencia de la sangre: «desde su conciencia, desde su sangre -ella llama sangre a la conciencia-, comprende que 'no podemos vivir /plenamente a los muertos'; de aquí que los reconstruya a pedazos, a aletazos de intuiciones, a golpes de fe»; aparece así también, dentro de este contexto, el tema de las dos realidades, el mundo que se crea está dentro del mundo de la realidad tangible en la que los seres humanos nos movemos: «La otra realidad en la que Elena Andrés se mueve, confúndese con ésta, hácese una, viva, al alcance de la mano» .

Santiago Rodríguez Santerbás reconoce la ya copiosa producción de Elena como «ferozmente personal» y muestra el dualismo: «un 'quiero-y-no-puedo' a nivel visceral» que se manifiesta entre «potencia e impotencia, deseo y frustración, afirmación y duda». Este desgarramiento proviene de «la vinculacion al mundo vivo de los seres y de las cosas». La referencia a la poesía social es vaga pero interesante y sólo vale para separar a Elena del resto de la producción poética de su tiempo, lo que se ve en esta obra es la solidaridad, expresada en el viejo dicho: «El 'nihil humani a me alienum puto' halla en la poesía de Elena Andrés su más exacto reflejo y su más amplia dimensión».

Emilio Miró destaca el tema de un mensaje y su urgencia: «Ya este título [*Desde aquí mis señales*] nos muestra a la poetisa erguida, a veces serena, a veces crispada, siempre lúcida, desde su circunstancia de lugar y tiempo (el aquí es también un 'ahora')». De las tres partes del libro, Miró considera la más importante la primera «Este tiempo acuciante» ya que en en ella se ventila la llamada a la comunicación de niveles dispares «lo personal y lo colectivo, lo íntimo y lo exterior, lo existencial y lo ético coexisten , se entrelazan, se funden e identifican ... [los poemas] plantean ya inteligente y bellamente, esta dialéctica hombre-mundo, individuo en un tiempo histórico, ante y frente a unas circunstancias concretas». También se ve esta buscada comunicación cuando «pasa de la primera persona de singular a la primera persona de plural». La comunicación es muy problemática debido a que « el claro pensamiento progresista de la poetisa no escamotea toda la inmensa abismal complejidad del ser humano». El libro, en la percepción crítica de Emilio Miró casi es un esfuerzo de salvación colectiva, ya que existe en la poesía: «esta conciencia de continuidad, de salvación personal en el proceso histórico, en la humanidad.».. Un último matiz en este tema de la comunicación, reside en la continuidad de la existencia: «como una serie de eslabones, como fluir incesante de unos a otros, de multitudes dando paso, siempre dando paso, a otras, que, a su vez, harán lo mismo», la comunicación es más que un mensaje que recoge el lector, es el mensaje que la propia poeta recoge de ese mundo escurridizo pero certero de los que han vivido antes que nosotros, casi se puede decir que, en efecto, ellos son nosotros. Emilio Miró anota también el ángulo intelectual: «Elena Andrés pertenece a esa ininterrumpida serie de poetas profesores en la poesía española contemporáneas, desde Unamuno y Antonio Machado hasta algunos de los más jóvenes poetas». Resumiendo, los tres críticos la reconocen como presencia sólida dentro de la lírica española, los tres reconocen su singularidad que radica en un mundo dividido, una de cuyas realidades pertenece a lo oscuro y lo complejo del ser humano; esta dimensión, no obstante es reconocible y constituye la llamada de la poeta a la comunicación y a la solidaridad. El mensaje de Elena es el de ella, pero tambien es el nuestro, su profundidad le da un carácter universal y por ello, solidario.

De *Trance da la vigilia colmada* (1980), Cristina Lacasa [14] anota en su reseña lo más desgarrador, lo más esotérico de la poeta: «Elena se sumerge en la desesperanza de sentirse obvia y fatalmente un ser huma-

---

[14] CRISTINA LACASA, «Realidad y alucinación», *Nueva Estafeta* (Madrid) (enero 1981): 101-102.

no con 'el yo como un letrero' que amarra el nombre al cuerpo y a su sombra, como una íntima cadena pegajosa, un letrero demasiado chico para el cosmos sin límites que siente». También parafrasea el terror: Un ser humano con su limitación y su desasosiego, con su cupo de lucha, soldado a la fuerza, entre sus congéneres, competición, odio, cansancio, hastío, explotación, rictus despectivos, «con su cadena. Siempre, Prometeo sin posibilidad de redención de vuelo». Y se crea así un «mundo de insensibilidad brutal y pleno caos, [en el que] la voz de la poetisa clama con desaliento».

Paisajes conjurados fue recibido por el excelente conocedor de Elena Andrés, Juan Mollá, como otra muestra más, pero expresiva al máximo, de la fuerza y los rasgos que la definen [15]: «todo el libro está empapado, saturado, de emoción lírica, arrebatada, en el límite del éxtasis o la exasperación» (120). Para Mollá es una voz de «maga» sus registros buscan la belleza pero están cargados de dramatismo «conciencia de ser para la muerte», no muerte total sino a veces «resurrección pavorosa» juntamente con «la terca resistencia a la invasión de la sombra». El dictamen final coincide con las primeras evaluaciones del comienzo de la carrera de Elena Andrés»: una de las expresiones más intensas, sinceras y estremecedoras de la poesía actual» (121). Catharine Wall [16] centra su mirada en el aspecto autobiógráfico, en la importancia de lo ancestral, en la reflexión sobre la escritura y en la búsqueda de la propia identidad. Ciertamente aspectos esenciales en la configuración de esta poesía.

Para tener una idea cabal de la recepción de Elena Andrés hay que considerar igualmente el apoyo recibido a nivel personal por los propios poetas que desde los primeros momentos la animaron personalmente: Vicente Aleixandre, Félix Grande, José Hierro,

---

[15] Juan Mollá, «Paisajes conjurados», *República de las Letras* (Madrid) n.º 59, (noviembre 1998) : 119-121.

[16] Catharine Wall, «Elena Andrés. Paisajes conjurados», *Alaluz*, año XXX, n.º 1 y 2 (Primavera-Otoño 1999): 85-87.

Blas de Otero, Rafael Montesinos, Concha Lagos...
Extraordinario parece el refuerzo concedido por sus
maestros en la Universidad Central [17], hoy Compluten-
se, donde cursó los estudios de Lenguas Románicas y
escribió una tesina de licenciatura bajo la dirección de
Rafael Lapesa [18] quien llevó algunos de sus poemas a
La Revista de Occidente en 1955. Otro gran impulsor
fue el profesor José Luis Pensado sugiriendo que la
estudiante enviara su primer libro a Vicente Aleixandre quien admiró la obra de esta poeta y le ofreció su
amistad. La visita fue trascendental, una especie de
bautismo poético, cuyos benéficos efectos fueron per-
manentes. Así pues la recepción fue positiva y profunda y en consecuencia, la poesía de Elena Andrés ha de
ser considerada dentro de los derroteros que determinan el itinerario de la poesía de las segunda mitad del
siglo.

III.   HABLA LA POETA

A efectos de situar la propia obra en un encuadre
histórico y de expresar su opinión sobre la creación
poética en general, se puede recurrir a dos entrevis-
tas realizadas con un intervalo de doce años, entre
1961 y 1973. La primera apareció en *La Gazette de
Laussanne* [19] y contiene información sobre el panorama poético español de la primera postguerra tal como
lo percibe Elena Andrés, y la segunda realizada para
Ya [20], en la que la poeta hace un análisis no tanto de

---

[17] Los datos sobre las experiencias personales en la vida de
Elena Andrés a los que aquí me refiero proceden de diversas en-
trevistas mantenidas en las siguientes fechas: 5 de julio de 1989;
1 de julio de 1990 y 30 de junio de 1991.
[18] El título de esta tesina es «El paisaje en la poesía de
Garcilaso, Góngora, Espronceda y Pedro Salinas» (Entrevista con
la poeta hecha por la autora de este estudio el 1 de julio de 1990).
[19] J. COMINCIOLI , «La jeune littérature espagnole», *La Gazette de
Laussanne* (mars, 1961).
[20] ANÓN, «Elena Andrés, una mirada hacia adentro», *Ya* (Madrid) 7 de octubre, 1973: 18.

sus propias obras como del acto poético en general. Elena se auto-sitúa en la primera entrevista explicando las dos tendencias que ella percibe en la poesia española de la postguerra, dos vertientes inspiradas a grandes rasgos, una en Juan Ramón Jiménez y la segunda en Antonio Machado: «*Il existe aujourd'hui en Espagne deux tendences principales. L'une est une poésie de l'introspection strictemenet lyrique, de caractère esthétique, a la langue riche, dans la ligne tracée par Juan Ramón Jiménez; et l'autre une poésie dont la principal préoccupation est l'exposition de problèmes sociaux, historiques, voire politiques, avec un certain accent épique, à la langue énergique et souvent tranchante, qui se réclame en partie d'Antonio Machado*». Una división muy interesante, que no tiene en cuenta su propia poesía atormentada que podría alinearse en la línea filosófica y vital de Unamuno así como en la de los famosos poetas malditos de la lírica francesa y anglonorteamericana. Respecto a su propia aportación, Elena se limita a decir que ella aspira a conciliar ambas tendencias en su poesía. En cuanto a sus preferencias personales, dice lo siguiente: «*Mis à part les poètes de la géneration de 1927 —García Lorca, Alberti, Guillén, Miguel Hernández, Aleixandre, Cernuda, Salinas— dont quelques uns vivent encore soit en Espagne, soit en Amérique et sont en pleine production, parmi les poètes postérieurs, ce sont Gabriel Celaya, Rafael Morales, José Hierro, Angela Figuera Aymerich et Victoriano Crémer qui m'attirent plus spécialement*».

En la entrevista de 1973 se refiere al acto de creación poética y a la entidad del poema y su existencia como mensaje dotado de autonomía a quien el lector dará vida. Hay aquí hay una reminiscencia muy clara de la teoría del lector de Unamuno. Dice Elena con respecto a la generación del poema y el lenguaje que lo conforma: «Lo que justifica ponerse a escribir un poema es esa tensión emotiva o intelectual que necesita un desahogo, un cauce. Todo poeta necesita, en primer lugar, desahogar esas vivencias intensas con un lenguaje que tenga un calibre mayor que el cotidiano, aunque parta de él, con una tensión expresiva mayor que te desahoga y te permite comunicarte con otros seres (un poema hasta que los otros no lo leen, no está realizado)». Estas declaraciones que pertenecen a un sentido crítico expresado después por Jauss en su teoría del lector, abren el alcance del poema al receptor y hacen de la creación poética una verdadera comunión entre el poeta y el lector: «Toda poesía, además de los que el poeta ha puesto intencionadamente, es un arte abierto e interpretable», «a esa persona que lee le llega algo de lo que objetivamente ha puesto el poeta, pero además su subjetividad queda incumbida en lo que lee. Es un poco poeta y completa el ciclo [...] Aparte del núcleo central de ideas, hay otras ideas abiertas, que es donde está el misterio y la magia de la poesía».

También añade la teoría de la poesía como instrumento de conocimiento, un conocimiento que a su vez se compartirá con el receptor del poema: «Por otra parte hay que tener en cuenta que para muchos, la poesía es un elemento de conocimiento: esa tensión (inspiración para los románticos) es un estadio especial del conocimiento del mundo y, más todavía, de nosotros mismos, del universo que llevamos dentro». Elena Andrés se refiere al poeta como el dotado de una palabra que le permite expresar lo que todos pueden sentir pero que sólo el artista perfila, y que consiste en la exploración del universo, del abismo interior, que todos los seres humanos llevan dentro. El poeta es así la voz y el profeta: «Esa tensión es un verdadero instrumento para llegar a un conocimiento más penetrante de la realidad del mundo cotidiano y de lo abstracto, así como del abismo interior y del caudal de emociones que están siempre dentro de nosotros vibrando».

Una tercera idea esencial para expresar la comunicación a nivel artístico es que lo profundamente individual por el hecho de ser verdadero es también universal: «En el nuevo libro que preparo, a fuerza de lo individual, llego ya a lo anónimo». Esta idea se explaya cuando explica que su problema más acuciante es:

«tiendo a sentirme, a vivirme más como ser que como existente» actitud que al situarse fuera del tiempo puede transformarse también en más universal que individual: «como llegar a un conocimiento pleno de mí misma y bastante estático. Es una especie de lucha contra el tiempo fragmentado y llegar a un tiempo total más estático».

IV. ASPECTOS BIOGRÁFICOS

Elena Andrés nació en 1931 en Madrid, ciudad donde pasó los primeros ocho años de su vida coincidiendo los últimos tres, con el asedio de la capital durante la Guerra Civil. Su padre, Felipe Andrés Cabezas, era catedrático de filosofía en el Instituto Antonio de Nebrija, donde también trabajó Antonio Machado. La madre, Teresa Hernández, funcionaria del Ministerio de la Gobernación, era una mujer cultivada que había hecho estudios de bachillerato. El matrimonio tuvo dos hijas, Elena y Julia, niña más pequeña que murió de manera trágica, como consecuencia de la guerra, cuando Elena tenía siete años. En la memoria quedaron escenas terribles de bombardeos: «las casas como calaveras, con la gran boca abierta, dejando al descubierto el azul pálido de las alcobas». Este acecho mortal lo verá reaparecer después, en los paseos por el campo cuando «entre las gándaras, los heliotropos y las amapolas, aparecieron unas botas deshechas de los soldados italianos.»... La otra realidad que se desarrolla en la poesía y que tanto han comentado los críticos, se presenta de la misma manera, agazapada y acuciante.

Después de la guerra el padre se vio privado de su cátedra debido a la represión política y en 1942, salió para América, donde se dedicó a la docencia en la Universidad de México primero y en la de Colombia, en Bogotá, más tarde. Para la niña, la partida del padre a quien estaba tan apegada, fue un trauma de enorme magnitud. Del exilio no retornó hasta que se proclamó la primera amnistía y le fue devuelta su cátedra. Para entonces Elena ya era una adolescente. La madre de Elena, por su parte, sufrió una «depuración» y fue enviada a Guadalajara donde creció la niña en un importantísimo contacto con la naturaleza. El resto de la infancia transcurrió, pues, junto a su madre, cobrando un inminente papel los abuelos, el paterno, Manuel Andrés y el materno, Enrique Hernández. Entre los queridos recuerdos de una infancia solitaria se cuenta la figura de un hermano de su madre, su tío Lope Hernández a quien madre e hija veían los domingos en sus viajes semanales a Madrid. Las familias del padre y de la madre eran de Salamanca, con orígenes en pueblos de la provincia; mientras que el abuelo materno, Enrique Hernández, casado con una mujer de origen andaluz, Dolores Hernández de Arcos, era abogado en la capital, de la misma manera que el bisabuelo, Lope Hernández Enríquez, nacido en Peñaranda de Bracamonte, había ejercido en la capital ejerció de médico y notario; los abuelos paternos, Manuel Andrés y Julia Cabezas, eran labradores del puebo de Calzada. Una de las bisabuelas, la esposa de Lope, era portuguesa sefardita, sus apellidos Levi Merchán. Los antepasados tienen una presencia constante en el mundo de Elena Andrés, aspecto que se manifiesta de varias maneras en su poesía como se verá a continuación.

Hay otros aspectos importantes que, teniendo sus raíces en la infancia, han nutrido el poder creador de esta poeta y afloran en su obra con persistencia. La compenetración con el padre antes de su forzada desaparición así como el apego a la madre y la intensa convivencia solitaria con ella, es uno; el poder de la naturaleza es otro. Los recuerdos de la niñez en Guadalajara cuentan con sus diarias escapadas al campo, sola, mientras sus compañeras seguían en las permanencias de la aulas del Instituto, ella vestida con un abrigo viejo de su madre y unas botas «katiuscas» se perdía por el campo, su refugio y su aventura, a pesar del frío. Los paseos se prolongaban hasta un balconcillo inclinado a la vega del río Henares, en los ribazos, olivos frágiles y pitas, a veces jinetes. Para la niña este paisaje podía convertirse en América donde creía adivinar la presencia de su padre ausente. El impulso que por ejemplo Carlos Luis Alvarez relacionó con lo místico se percibe también en las amistades íntimas de Elena: «en Guadalajara, la Virgen de la Antigua y el Cristo de Medinaceli, siempre he tenido una gran fe en Cristo»; dentro de esta línea de preferencias infantiles de gran fuerza espiritual, alejadas de la opresiva ortodoxia común a aquella época en España, está también su admiración por la herencia sefardí avivada por sus paseos por la calle de la Sinagoga de la ciudad.

En la profundidad de la memoria de Elena Andrés hay momentos creadores, que generan una energia espiritual inagotable, verdaderas epifanías indelebles que afloran luego de manera más o menos sutil y detectable en su poesía. El descubrimiento del mar, de las nubes. Uno de estos descubrimientos tiene que ver con los paseos solitarios por las vegas del Henares. Un día cae la niebla y no se ve nada, ni las manos, ni el suelo. Elena narra el episodio en estos términos: «Todo blanco, pensé que me diluía y desaparecía en la blancura. Experimentaba una soledad cósmica, un gran terror, pero luego oí algo y me sentí fuerte, empecé a sentirme sola pero potente sobre la tierra; un temor y luego la levedad etérea, era la fuerza y la conciencia». La niebla aparece sostenidamente en esa poesía, como también los caballos galopando, o las nubes o el mar. Hay otros momentos de este tenor cuya huella puede reconocerse en su poesía de manera directa o indirecta, la visita a la imagen de Santa Teresa en una iglesia, acompañada por su madre. La primera clase con D. Rafael Lapesa, la primera visita a la casa de Vicente Aleixandre.

De la infancia arrancan varias raíces de su original voz poética. Estos aspectos van a formar parte de lo que aflora en la obra de manera continua o de manera intermitente y tiene, una vez plasmados en ella, no un valor, estrictamente autobiográfico, pero sí de una fuerza generativa, proviniente del cuerpo y de la memoria que determinan la creación.

De lo hasta ahora expuesto podemos extraer los siguientes rasgos: un enorme apego a la madre, una vida interior poderosa que invade y domina a su vida exterior; la presencia impalpable pero absoluta de los antecesores, de su voz ancestral; la añoranza del padre ausente; y, cubriéndolo todo, el ambiente agobiado y doloroso de la guerra, su brutalidad acuciante, reveladora de la verdadera esencia oculta de las cosas. De la infancia y la adolescencia vienen también otros rasgos definitorios, tales como su familiaridad con la música y el canto; la belleza de su voz, educada desde muy pronto; recuerda Elena Andrés que aprendió solfeo antes de aprender a leer. Como se vio, los críticos notaron en ella la armonía y la perfección de la composición de los poemas. Esta inclinación fue, también lo que la atrajo, años después, en 1958, hacia su marido dedicado a la música en composición y ejecución. En la poesía encontró la combinación de lo musical con la expresión de su hondo mundo interior. Desde los nueve años componía versos; como anécdota ejemplificadora cuenta Elena que en primero de bachiller un ejercicio sobre «El Conde Olinos» lo escribió en romance.

A los quince años, de vuelta a Madrid, su madre la matriculó en un colegio seglar que estaba en la Glorieta de Martínez Campos, «El Liceo Escolar» donde terminó el bachiller, que había quedado interrumpido en Guadalajara debido a unas graves fiebres reumáticas. Dos años más tarde regresó su padre y Elena ingresó en la Universidad donde cursaría sus estudios de licenciatura que terminó en 1955, siguiendo a continuación los cursos del doctorado. A partir de entonces empezarán a aparecer sus libros, de los cuales el primero publicado, como sabemos, es «El buscador» en 1959, aunque, en realidad, Elena había escrito con anterioridad dos libros que nunca ha llegado a sacar a la luz.

V. UN ANÁLISIS DE LA POESÍA DE ELENA ANDRÉS

1. SURREALISMO, INCONSCIENTE Y POESÍA

La recepción crítica de Elena Andrés fue unánime en señalar los aspectos oníricos, misteriosos y expresionistas que configuran una gran parte de su poesía, aunque está ausente la identificación de estos aspectos como emparentados directamente con el surrealismo. Ahora bien, la crítica fue unánime en señalar la potencia de la creación de los dos mundos de Elena Andrés y con preferencia el mundo oscuro, atormentado de las pesadillas y del inconsciente (Melchor fernández Almagro, Cristina Lacasa) el mundo pandemonista (Fernández Santos), la voz de sibila (Juan Mollá). El aspecto de la palabra poética como instrumento para penetrar el hondón de las experiencia (Carlos Álvarez, Juan Mollá, Emilio Miró). Es indudable que existe una afinidad en la creación sostenida de nuestra poeta con las técnicas surrealistas con frecuencia concentradas en el uso de la metáfora, y así Ana María Fagundo sitúa a esta poeta dentro de la línea del surrealismo español: «La poesía de Elena Andrés, [está] enmarcada dentro de la corriente surrealista pero a la española, es decir sin perder nunca el hilo conductor de significación o correspondencial con lo real».[21]. Teresa Valdivieso pone también de relieve este rasgo en lo que percibe como una pluralidad de discursos[22] y ésta es una de las características que también menciona la propia autora como definitorias de su poesía: «Hay elementos que pueden interpretarse como oníricos o surrealistas, no en el sentido Dadá, sino como imágenes que revelan esta transfiguracion de la realidad, afinando mucho lo que es el mundo dentro de

---

[21] ANA MARÍA FAGUNDO, «Poesía femenina española del siglo XX: 1900-1940», *Alaluz,* Año XX - núms 1,2 (primavera-otoño 1987-1989): 11.
[22] TERESA VALDIVIESO, «La poesía de Elena Andrés como una pluralidad de discursos», *Alaluz,* Año XVII (Primavera 1985): 3-11.

nosotros»[23]. Así desde el punto de vista de escuelas o agrupaciones poéticas dentro del siglo xx, se debe relacionar, a Elena Andrés, con la herencia del surrealismo observable en la poesía de la postguerra.

Si, como señaló Ricardo Gullón[24], el surrealismo como escuela no tuvo presencia en España, sí lo tuvo como un instrumento más utilizado por las vanguardias para enriquecer los recursos poéticos de la generación del 27. Aunque en los años cuarenta y cincuenta el surrealismo tuviera una vigencia notable en algunos poetas, los postistas, no es, constatable el peso que en la obra de Elena Andrés pudiera haber tenido esta escuela, la más ortodoxa, dentro de la vertiente española, pero sí se pueden encontrar afinidades con *Sobre los Angeles* de Alberti y *Pasión de la tierra* o *La destrucción o el amor* de Aleixandre. Siguiendo la definición del primer manifiesto surrealista, la riqueza de posibilidades que ofrece la utilización de «los símbolos y los mitos, auténticas claves de la conexión entre los dos planos —real y suprarreal— de la realidad»[25] es un instrumento esencial a la hora de considerar la poesía de Elena Andrés. Por otra parte no hay ninguna relación entre el rechazo total de la razón y la aspiración a permanecer «al margen de toda preocupación estética o moral» y la producción de Elena Andrés. Podríamos decir que su aportación es precisamente unir la razón y la ética a unas técnicas surrealistas que pueden expresar el papel esencial de los sueños como acceso al inconsciente, lo que la aproxima en igual o mayor medida a Freud. Elena Andrés, en efecto, no recurre al surrealismo como una técnica artística que separa lo consciente de lo inconsciente para rechazar lo consciente, sino que más bien rela-

---

[23] (Entrevista) del *Ya*, v. nota 18.
[24] Cf. RICARDO GULLÓN, «¿Hubo un surrealismo español?», *Surrealismo/surrealismos. Latinoamérica y España.* ed. Peter G. Earle y Germán Gullón. (Philadephia: Department of Romance Languages. University of Pennsylvania s.f. circa 1975): 118-130.
[25] JOSÉ LUIS JIMÉNEZ FRONTÍN, *Movimientos literarios de vanguardia.* (Barcelona: Salvat 1973): 108

ciona los dos mundos y tiene presente un objetivo tanto ético como estético para expresar la totalidad del ser humano. Dentro de la perspectiva de la relación entre la palabra poética y el psicoanálisis, las investigaciones de raíz lacaniana pueden ayudar a comprender mejor el alcance de la poesía de Elena Andrés, al mismo tiempo que ilustran cómo el arte se ha anticipado desde siempre a expresar, en el orden humano, lo que la ciencia (el psicoanálisis, la lingüística, la psicología, la psiquiatría, la sociología) ha ido gradualmente descubriendo o corroborando.

2. EL IMPOSIBLE HUMANISMO

Los estudios del psiquiatra francés Jacques Lacan, aplicando al psicoanálisis los principios de la lingüística estructural, han contribuido a la comprensión del papel de la lengua en la configuración del sujeto humano y han profundizado el conocimiento de la relación entre el nivel consciente, regido por la lengua y el nivel inconsciente. Según Jacques Lacan la adquisición de la lengua es la que preside la etapa edípica y el complejo de castración, o la inserción en la sociedad, que marca la escisión entre lo que en términos freudianos se llama lo inconsciente y lo consciente.

La lengua, como frontera divide inmediatamente al sujeto, ya que el mundo prelingüístico que se relega al inconsciente, no posee manera de expresión, excepto a través de los sueños. La lengua, tal como la define Lacan, funciona como una metáfora, a base de condensaciones (unos significantes se explican a otros). Al producirse la significación por medio de difererimiento y diferenciación, no hay un significante trascendente, cualquier significante se apoya en otros; por lo tanto la lengua niega el acceso a lo que está más allá de ella, que es lo que Lacan llama lo real. Una vez que el sujeto humano ha entrado en el ámbito de la lengua, nunca podrá alcanzar una plenitud equiparable a las etapas prenatal y la llamada etapa del espejo (pre-edípica), en las que no existe la lengua. En consecuencia, según Lacan, no existe un sujeto unificado que pueda expresarse por medio de la lengua. El yo fragmentado se ilustra desde el análisis de la identidad relacional de los pronombres definida por Emile Benveniste: el sujeto de la enunciación no corresponde al ego; el sujeto unificado del mundo prenatal y la etapa del espejo no posee lengua y al entrar en la lengua sólo puede explorar su identidad de manera rota y fragmentaria.

El ser humano no tendrá dominio sobre nada, a partir de su yo incierto y fragmentado. El sujeto entra en la angustia postestructural en la que no existe dominio, no es posible el humanismo. Lacan concluye que la entrada en la lengua, escisión entre el consciente y el inconsciente, divide irremisiblemente al sujeto: «Yo no estoy donde pienso, y pienso donde no estoy». Al mundo de lo inconsciente reprimido, sin lengua, Lacan lo denomina el orden imaginario y al mundo de la consciencia y la ley social, introducido por la adquisición de la lengua, Lacan lo denomina el orden simbólico.

La poesía de Elena Andrés, puede ilustrar de manera admirable el debate entre estos dos órdenes mostrando el camino que une y separa las dos perspectivas humanas, una inaxequible pero potentísima, lo imaginario, y otra perceptible y difícilmente expresable en términos lingüísticos, ya que la lengua marca una carencia y no una presencia, lo simbólico. Ese es el punto de arranque del ser humano, es la realidad misteriosa y profunda que sólo se puede alcanzar con instrumental artístico, que por medio de la lengua, trata de expresar lo que está fuera de ella: el deseo y lo que Lacan llama lo real. Si el inconsciente y su expresión en forma de significantes que carecen de significado, sólo puede expresarse en los sueños que componen, según Lacan, un texto vanguardista de difícil interpretación, también el arte, y el arte vanguardista, expresa los dos mundos. El arte se adelanta a la ciencia porque, como los sueños, arranca directa-

mente del orden imaginario. En las «Notas de autoanálisis» que aparecen al final de su último libros,
Paisajes conjurados, Elena Andrés aserta: «En *Paisajes
conjurados* se intentó plasmar, con eco de sugerencias
comunicables, solidarias, cordiales, vivencias densas en
situación límite» (89). La lengua, así pues es comuni-
cable, pero sólo a base de ecos y de sugerencias; las
vivencias en situación límite, son en efecto, buceos
valientes, lúcidos y excepcionales en el común hondón
del ser humano, este salto hacia adentro, sin duda es
una situción límite. La poeta explica aún estas incursiones buscando el límite al que se dirigen: «Vivencias
que poseen asociaciones con el entorno muy hondas,
originarias, en clave, a veces del subconsciente» (89).
    La angustia postestructural ante la imposibilidad de
poseer una certidumbre sobre la propia identidad y
sobre el entorno y, en consecuencia, la imposibilidad
del humanismo como dominio, resuena en la creación
de Elena Andrés que baraja todos los pronombres. La
voz poetica que es yo, tú, nosotros, una sibila, una
medium, alguien aislado que sabe, una aprendiz que
no sabe nada, alguien que lo sabe todo ¿puede comunicarse? ¿puede expresarse? ¿reconocerse? El deseo de
descanso en el yo, en la propia identidad, en una etapa
de unidad y armonía, relacionada con una vuelta al
útero ha sido tema relacionado con el existencialismo.
Unamuno es en España un insigne ejemplo. Mucho
hay, en efecto, de Unamuno en el fondo íntimo de la
poesía de Elena Andrés; los avances del psicoanálisis
permiten entender mejor la batalla humana, la ansiedad de una confirmación personal. El concepto de
angustia postestructural, resulta menos difícil de articular a nivel epistemológico, a partir del psicoanálisis
postestructural definido por Jacques Lacan.

3. LA FRAGMENTACIÓN DEL YO

    Los aspectos que iluminan la frustrada ambición de
plenitud, a la que estamos condenados los seres hu-

manos, están presentes de manera constante y admirable en toda la obra de Elena Andrés. La brecha entre un ser y otro, el debate entre lo imaginario y lo simbólico en su deseo de alcanzar, lo real, o verdadero, lo que está fuera de la lengua, es un campo iluminado por esta creación. El punto de referencia es siempre el cuerpo y los impulsos hacia la plenitud pueden ir hacia afuera o hacia dentro, ambos universos son inapresables porque ambos tienen que expresarse por medio de la lengua. Uno de sus primeros críticos, Miguel Dolç, se refería a la seguridad del *iter* poético de Elena Andrés y hay, en efecto una uniformidad y una coherencia sorprendente en toda la obra. De modo que con diferentes matices y en diversos momentos, vemos brotar, crecer y expandirse desde *El buscador* hasta *Paisajes conjurados*, un universo poético único y universal. Los registros crecen, se multiplican los puntos de vista, varían las visiones, pero el alcance del mundo presentado es el mismo. La descripción del libro *Paisajes conjurados* que hace la poeta puede igualmente aplicarse a toda su obra: «el testimonio lírico de un itinerario, camino circular interno, a varios niveles de percepción, emoción, vida y lenguaje» (90). La fragmentación del sujeto y la imposible serenidad, que en sus múltiples perspectivas nos proponemos contemplar, aparece en todas sus obras; las variaciones corresponden a la riqueza y al poder de expresión de esta poesía. No es necesario aproximarnos con criterios cronológicos, en efecto el camino es circular no hay principio ni final.

Los poemas que presentan el dilema de la identidad, muestran muchas variedades de un mismo dolor, la imposibilidad de descansar en un yo propio y reconocido. En «Propósito I» de *Paisajes conjurados*: (33-34) se contempla el viaje del sujeto desde el gozo de la visión de una multiplicidad espléndida, la de un universo jubiloso, a las cadenas del yo fragmentado, del cuerpo roto. La primera parte del poema muestra la vitalidad de la visión plena de imágenes que recuerdan a Aleixandre, una naturaleza paradisiaca, de gran poderío cromático, casi heráldica, es el triunfo del arte, para concluir con la derrota del sujeto poético: «La pantera del génesis/ de piel de oro cruza con sosiego/ la pradera morada». La energía proteica de la creación parece afirmarlo todo: «cerrada está su garra que destella/ un diamante fulgura en cada uña». La vitalidad y la luz todo lo glorifican, todo lo conectan como un caleidoscopio, «bandadas de trigales [...] prendieron con vigor en la existencia/. Flamean de amarillo/ las solares espigas». La afirmación es rotunda «No ceden y relinchan las raíces/ de la certeza más inconmovible». Es un mundo del que le es dado participar a la poeta, porque lo percibe, pero ve también el fracaso. A la manera surrealista, una mano gigantesca detiene ese éxtasis: «¡Y cómo apareció rasgando el cielo!, ¿de dónde aquella mano enorme suelta?». Las manos , como se verá más adelante, significan siempre un camino hacia la comunicación, un toque de atención. Esa gran mano se acerca a ella y la toca, «Muy delicadamente se ha posado en mi hombro» y de ahí va a la espalda, la parte más ajena, la más vulnerable, «levanta ... esos posos de polvo o de ceniza». La mano llama o recuerda. Es la otra cara, la oscura y la fragmentada que nunca está ausente. No es ya un caleidoscopio de vida lo que se ve; la pregunta de la voz poética es como un despertar «Pero ¿y mis huesos, dónde están mis huesos?/ ¡ay, aprisa mis huesos!» La voz poética, el imposible sujeto, es ahora un rompecabezas cuyas piezas, los huesos, «hace un tiempo casaban con ajuste/ de aparente sentido». Ahora en cambio «yacen ya desvencijados», «reptan ya desordenados». La fractura del ser poético se impone «Hace ya un mar de tiempo se desdobló tu éxtasis / [...] / y te pusiste a ser/ un gran montón de identidades rotas». Lo que se impone es la ausencia de mensaje porque no hay unidad de sujeto. El sujeto está roto y contemplamos su inevitable fragmentación.

Sin embargo en En *trance de la vigilia colmada*, hay un poema, «Arcos de la Frontera» (27-31) que presenta un camino inverso al que acabamos de ver; el yo fragmentado que imposibilita una identidad libre, convertido en reptil, se separa de la voz poética para que ésta pueda surgir. El ambiente inicialmente creado en el poema por el misterio de la ciudad, sus casas, sus calles, tiene cierto eco de Antonio Machado: «Y se sube, se sube/ por tus caminos calles./ ¿Sabemos lo que vamos a encontrar?/ Sus sillares externos se mantienen,/ está como sellado, impenetrable:/ otro castillo en ruinas que dicen que está hueco» pero hay un aspecto mágico y burlesco: un olivo transformado en la figura de un payasito vestido de armadura al lado del río: «.. y allá abajo/ llameante Guadalete/ de destellos rojizos, espejismos sangrantes,/ Guadalete con una figurilla:/ no, ya no es el olivo/ de la forma inquietante que es al día;/ con casco y armadura de hierro un garabato,/ un payasito con su mueca helada», están los fantasmas vivos y los fantasmas muertos. La clave de lo contemplado es la perplejidad, la incertidumbre de una existencia sin bordes, escurridiza, donde lo vivo y lo muerto se confunde; en el orden simbólico del tiempo preciso parece haber entrado misteriosamente algo del orden imaginario: «Perplejidad sin tiempo/ de los fantasmas muertos,/ de los fantasmas vivos que aquí estamos». Aquí el ser individual con su cuerpo y sus dudas desaparece para entrar en simbiosis con lo universal y lo desconocido: «¿Esas oscuras aves no son una maraña/ de mis entrañas locas de infinito/ y aturdidas, sin clave,/ que antes dentro de mí son sólo hastío/ como lo son mis nervios/ cuando los llamo míos, míos, míos?». El balcón sobre el río, como el balconcillo de sus paseos de niña en Guadalajara, le permite asomarse, y diluirse, salir del yo, entrar en el éxtasis, «algo que me dolía fue saliendo « eso que sale es amedrantador y atractivo al mismo tiempo, «—voluptuoso reptil— amarrando mi nombre a mi cuerpo, a mi sombra/ con excesiva fuerza: el yo como un letrero, /como un letrero demasiado chico/ para el cosmos sin limítes que siento». El yo, mezquino, desaparece entre las piedras: «la quimera del yo se hacía lagarto/ y se iba entre los rayos de la luna ... y así modestamente/ ya me fui liberando/ de un suicidio seguro: no podía con mi peso/ y con mi propio mito encadenado/ más aguantar».

Lo que aquí se vislumbra no es tanto panteismo como liberación mística a base de la salida de las cadenas del cuerpo de la aniquilación del yo verdugo: «Y caminé después, casi flotando - extinguida y consciente: /la paradoja es cierta, os lo aseguro».

Esa referencia al lector, ese toque de atención de la voz poética que percibe la paradoja de tener que abandonar el yo para poder verdaderamente entrar en el yo, es la nota de la lucidez, incluso teñida de ironía, de un proceso, y su sencillez, en lo que es a la vez cotidiano y excepcional.

En «Caed sobre mí», en *El buscador* (66-67), se presenta otra variedad de la dialéctica entre el sujeto, prisionero, y la liberación del cuerpo hacia el universo; en este caso, los objetos humildes de la vida doméstica, «silla roja y armario con espejo,/ árbol triste de ramas como brazos,/ lámpara blanca que rezuma lágrimas» se insertan en cuerpo que se abre «he relajado los músculos tensos,/ se han abierto los poros dulcemente, como ventanas hacia otra energía». Y esta penetración se produce precisamente por su parte más insensible y vulnerable, pero también la más expuesta a lo ajeno, la espalda: «Mirad mi espalda,/ ya casi ni la siento», se logra así una liberación que convierte el yo en un espacio inclusivo sin brechas ni fronteras, que ha penetrado en lo real, en la verdad imposible: «Intentáis asomaros por mis ojos,/ ... Yo sólo floto ahora, extraña góndola/ que porta el dulce peso de vosotras/ por mares de murmullos y de calmas»... La visión poética destruye las cadenas del yo. Como en el caso anterior, para alcanzar esa liberación, el sujeto tiene que extinguir conscientemente la propia identidad. Una poesía que en efecto, como insinuaba Carlos Luis Alvarez, se acerca mucho a la mística. La poesía de Elena Andrés presenta esta lucha por llegar a una meta imposible, que a veces se logra gracias al milagro de la palabra poética. La lucha siempre se hace en pro de la liberación del sujeto que es en todos los casos inabarcable, escurridizo e incompleto y que unas veces triunfa (el momento místico) y otras no.

En *Desde aquí mis señales* el poema «Libertad nocturna» (113-114), la voz poética se regodea de haber salido de su propia individuación para entrar en lo común, «en la noche, ya libre del uno y sus cadenas» desembarazarse de la propia entidad es un triunfo, pasar a ser los otros es una liberacion: «La libertad: los gestos/ en mi gesto de miles de seres distendidos,/ barajados, activos/ en a noche, ya libre/ de individuacion». La salida de la propia, limitada, identidad fragmentaria, se realiza siempre a base de la renuncia al yo y su práctica aniquilación, puede ser para entrar en un tiempo sin fronteras («Arcos de la Frontera'), para entrar en el espacio que rodea la vida cotidiana («Caed sobre mí»), o para confundirse en los otros «Libertad nocturna»); también, a la inversa, el éxtasis de la belleza desaparece al recibir la llamada de un cuerpo hecho añicos que devueve el sujeto a la inescapable cárcel del yo. 888 El poema «En otra dimension de la memoria» de *Trance la devigilia colmada* (41-43), el viaje al interior de su propio cuerpo y de su propia identidad desarticulada le produce vértigo: «los posos de mis vidas anteriores», «zumbidos mareadores, apelantes», «amaneceres de otras vidas/ ahogadas en mis reinos de ceniza» y si se despertaran «tanta consciencia desintegraría». Entonces surge la gran duda que lleva a la poeta a formular la pregunta sobrecogedora «Pero ¿quién soy yo?».

4. CUERPO ALIENADO

Unido al tema de la desintegración del sujeto aparece el tema de la alienación del cuerpo, o más bien del cuerpo desarticulado para reflejar esta misma fragmentación. El cuerpo y la conciencia se dividen. Da la impresión de que en la percepción de la personalidad, el orden imaginario y el simbólico se desgarran. El desdoblamiento presenta extremos en cuanto a la identidad del sujeto que puede encontrar bien desorientación como en «Noche, Reconstrucción I», bien dualismo como ocurre en «A mi adolescencia», bien inspiración como ocurre en «La visita», o bien terror como ocurre en «Clavel buto». «A mi adolescencia» pertenece al libro *Desde aquí mis señales* (137-139). En un impulso existencialista de angustia ante la opción, contempla el sujeto sus dos caminos al comienzo de la vida. Es el momento de la bifurcación. La inocencia expresada en el apóstrofe «Muchacha luz de nieve», muestra una disposición, una posibilidad sin pasado y con un futuro abierto: «Luz de nieve sin tiempo/ su antorcha luz de nieve». De hecho este sujeto aún no ha entrado en el reino de la palabra, su tiempo es incomprobable y su inocencia clara: «No hablaba, apenas, nunca». Sin palabra y sin conocimiento/experiencia hay un bien que esencialmente radica en lo imaginario y se opone a lo simbólico, dominio aún no transitado: «No hería: esa certeza iba ablandando el aire del camino», pero su presencia es imposible, la palabra la acecha y la otra alternativa, la del orden simbólico aparece. La inocencia es evocada con reiteración alejándose «a pasos lentos, cuidadosamente, a pasos lentos, sin lastimar sombras». La muchacha es también portadora de la lengua con dos significantes antagónicos poderosos: sangre y mirada. Ambos la van a rrojar irremisiblemente en el sendero de la angustia, donde ya no es posible ninguna inocencia, una vez penetrado el camino de la lengua: «nunca pude empuñar su voz sin haberla soñado, sin fundirla con el rumor de música del alma de su sangre».

«La visita» en *Trance de la vigilia colmada* (57-58) comienza con unas metáforas surrealistas evocando la memoria, a partir de la cual se realiza el desdoblamiento: «Creció una llama azul... El alcohol de recuerdo de mi misma/ se derramó mojando las baldosas». Esta llama, alcohol brota de la frente de la poeta, «brotaba, chorreó, cayó en el suelo;/ ... creció una llama azul, un ciprés de éter». Esa llama es la visita, «La muchacha que fui se hizo palpable/ se desdobló de mí: dos realidades». Estos dos sujetos poéticos quieren integrarse, se abrazan, hay un momento mágico de plenitud, de autoerotismo, la voz poética contempla, arrobada la belleza visual, casi vegetal, de la visitante que la abraza: «Sus brazos de liana,/ sus pegajosos dedos de jazmines/ me rodearon el cuello». El entorno reacciona con estupor «los objetos guindados/ en las sobrias paredes de la estancia/ parpadearon». El reconocimiento llega al cuerpo, a la posesión erótica: «Mi visitante me besó en la boca ... Y me besó hasta el fondo: las raíces». Ese fantasmal autobeso: «una rosa de nácar duplicada/ sobre un único aliento», tiene la virtud de integrar al sujeto en el sujeto. No hay palabras, sólo hay pleno significado, sin significante inútil: «Me selló con su beso/ las palabras no dichas, que moraban al fondo,/ ya inservibles, más vivas». La posesión del yo pasado, en términos eróticos y de plena satisfacción activan a la voz poética que inútilmente quiere retener la efímera visita, el efímero momento de plenitud: «Y cuando quise asirla ferozmente, se apagaba la llama ya del todo». El ardiente fantasma se deshace pero es en el propio cuerpo de la poeta: «Se reintegró a mi sombra la visita/ y no se abrió la puerta». El sujeto queda fortalecido, reforzada su identidad. Hay una sensación de plenitud: «Consustancial con ella/ ya de nuevo conmigo» Pero el aislamiento y sensación de soledad se ha agudizado, crece de forma dolorosa una profundización interna «Sumada a mi cansancio decadente y eurrítmico,/ siempre encajada en esta sabiduría agónica». La poeta integra esa soledad y se afirma en ella; el ambientede cuarto se serena y se amplía: «Me levanté en silencio, di unos pasos./ Miré por la ventana, corría viento,/ y danzaba una nube desflecándose». La integración de su propio yo, se realiza ahora de forma consciente, se acepta la soledad y el aislamiento, «la sabiduría agónica» en otro beso, ahora constatable y responsable «Me puse espejo ardiente frente al rostro/ y me besé mi boca reflejada».

En «Clavel bufo» que aparece en *Paisajes conjura-*

dos (27-28) , culmina la serie de poemas de la alienación que parecen imponer el mundo del sarcasmo, del dolor y del terror en la poesía de Elena Andrés. El poema presenta el desdoblamiento y alienación de sí misma a niveles que rayan en una esquizofrenia anímica sin otra redención que la pura palabra poética, como se verá más adelante. En los momentos de la suprema angustia ¿es la poesía el clavel bufo? El sujeto no sabe, no conoce su lugar «sobre la tierra?/¿bajo la tierra?», ni su tiempo «Fiebres del plestoceno semimuertas», ni su entorno «La tierra vibrante de cenizas con rescoldos .. moléculas rabiosas escarlatas/ ávidas, burladoras de la muerte» ni la identidad de lo que ve «corres, pero están ebrias las veredas», «Son laberintos, sendas de borracho,/ llevan al mismo punto». La animación hostil de lo inanimado la acosa: «Carcajadas de arbustos rezumantes, casi obscenos». Pero lo más terrible es la autoalienación, el desdoblamieto de la propia poeta: «Te das miedo a ti misma de ti misma». Ese terror indecible por ser el último, el que no tiene refugio de ningún tipo ya que el sujeto es el propio enemigo amenazante de sí mismo: «Corres, abres las manos/ para no percibirte, no tocarte». Ya no es posible ni el refugio del miedo personal porque la persona está dividida en dos seres hostiles, «Perdiste ya del todo la autocomplicidad». Lo que resulta es un «monstruo en blanco». El más puro terror desolado, sin refugio: «te hacen señas/ desde tu dentro mil muertesfantasmas» . Por eso lo que brota en la nuca de la poeta cuando el sol la «fermenta» es el humor amargo de una flor, un clavel bufo. El valor de la poesía no es otro, en su sincera y última razón, que el del inmenso sarcasmo. Sólo hay terror. No hay persona, no hay comunicación pero, ojo, hay un poema.

Espalda

El aspecto de la disgregación se contempla también persistentemente en las partes del cuerpo que suelen expresar, de manera autónoma, trazos de la conciencia del individuo/voz poética. Ya se ha observado más arriba el papel de la espalda como el rincón del miedo, de la impotencia y de la vulnerabilidad. A lo largo de su creación Elena Andrés presenta la desarticulación del cuerpo, y el misterio o el secreto de la existencia por medio de la espalda. Esa parte de la anatomía humana en general viene a expresar una gran parcela del misterio.

En *El buscador* hay un poema titulado «En una esquina de la espalda» (60) que muestra cómo la presencia inmimente del cuerpo con toda su carga de tiempo, misterio y duelo se hace patente en esta zona, la más lejana al sujeto,la más insensible: «En una esquina de la espalda/ está este nido triste, el sol de ahora/ lo va palpando, Buscador; inútil». El sol no puede brillar en ese reducto lejano: «no llega el rayo ni el temblor dorado,/ hay algo entre cristales muy oculto». El Buscador, ese supremo representante de la libertad y la potencia, no puede ayudarla aunque tienda hacia ella su mano «larga, como una venda, como un presagio». La espalda será siempre inaccesible a la conciencia y a la poesía, ajena a la voluntad del sujeto.

En «Marina» de *Eterna vela* (41-42), la espalda cobra un idéntico protagonismo en el que persiste un sentimiento de presencia abrumadora aunque impalpable. Es el receptor de ecos, «adolescentes muertos» y al recibir «el vaho de los vientos marinos» se desprende del sujeto: «y ya no es casi mía» se transforma, realmente, en «Un torso milenario de molusco y misterio calcinado». El poema «La otra muerte» en *Dos caminos* el poema (32-33) la imposibilidad de un conocimiento claro aparece primero expresada en el humo «preguntas de humo» que se van solidificando hasta adquirir la fisonomía de una inmensa espalda: «Masas densas, oscuras/ en apretada mole/ se agigantan, se alzan/ en una espalda enorme sin cabeza y sin tiempo». La imagen surrealista y pictórica, con reminiscencias goyescas, se adueña del poema. La voz poética se da de cara con el muro más duro de la negación, con el más lejano y el más próximo, la espalda. Un muro que es más duro porque forma parte del propio ser humano: «que resucita siempre/ de la tierra y la carne». De hecho la voz poética sitúa esta incógnita en el origen mismo del tiempo y en la base de la historia humana «Con la única pregunta? un hijo del caos crece». Y permanece, la eterna pregunta sin respuesta, va consumiendo a la humanidad desde los orígenes del tiempo. La pregunta de cada hombre va sumándose a las anteriores: «Y hay allí siempre/ un nuevo caminante pegado al mismo árbol,/ junto a la misma sombra/ que le va diluyendo/ en la última pregunta». Y ese hombre también se incorpora al misterio, «se crece, se ensancha/ como una espalda de humo gigantesca».

Manos

A diferencia de la espalda, las manos indican esperanza y conexión. Aunque la idea parezca consistentemente en toda la obra aun con múltiples posibles variedades, pero siempre hay en ellas disponibilidad y esperanza. El poema de *Eterna vela* «A mi amiga» (59-60) muestra la idea de la vida que cobran las manos posiblemente de la manera más expresiva. En el poema aparece el nacimiento de las manos como niñas. El poema en la segunda persona de singular tiene un sujeto incierto, tú, que la voz poética parece contemplar y describir comenzando por las manos. Siempre expresivas: «siento que tiemblas torciendo tus manos» y solidarias con el resto del cuerpo: «se posan leves en tu sien pequeña». La voz poética describe ahora al sujeto envuelto en una pesadilla: «Tu calavera duerme en un profundo/ sueño ... de fuegos fatuos». No hay tiempo: «Un ritmo austero/ hace igual el pasado y el presente "la muerte reina": Un silencio frío/ te empareda con sus cortinas grises». El sujeto está emparedado e inmóvil. Sólo podría pensar, pero la voz poética reconoce que el cautiverio total sigue: «Es tu pensar un llorar frío y hondo/ y el vapor de tus lágrimas se funde/ a aquellas nubes, y su lumbre y su agua/ entre la tierra forman barro extraño». Pero da a luz a dos niñas: «a tus manos/ que convulsas palpitan recién hechas». Esta sorprendente metáfora de dar a luz, contrasta con el ambiente opresivo y sepulcral, de emparedada que permea el resto del poema. Las manos recién alumbradas, niñas, inocentes, anuncian una esperanza, en un cuerpo condenado: «palpan vientos sin paz, desprecian límites» inútilmente acabarán cayendo «se desploman los dedos como lírios», ¿qué podrán hacer las manos? La pregunta final plantea la misma desesperanza que el comienzo «¿Por qué he nacido?»

Si las manos son solidarias ¿por qué han nacido? Esa es una gran parte del mundo de Elena Andrés. En el poema XXVI (65-66) de *Dos caminos* se ve uno de los ejemplos más notables del alcance del amor y la solidaridad en este mundo duro y desolado. La descripción es urbana, la ciudad emergiendo después de la noche. Los poemas de Elena Andrés son fuertemente inquirientes y profundizan en los sentimientos del ser humano. El juego social no tiene papel prominente. No obstante, estos poemas corresponden a una época tremendamente teñida de pasión política, siempre, amortiguada por el sistema, pero siempre presente, en particular en los años sesenta. Para Elena que pasó en Madrid los años de la guerra, que perdió a su hermanita y se vio separada de su padre a consecuencia de la contienda, las vivencias personales, elementos autobiográficos, o como ella los denomina, testimoniales, son señeros. Aquí parece, ciertamente que la ciudad que emerge después de la noche, bien pudiera ser el Madrid emergente de su adolescencia. «Pasó la noche y hoy todo está mudo./ Todo cerrado/ en su círculo hermético». La consecuencia es un abismo en los espacios «nada tiene ya que ver con nada». Sólo hay separación: «Aquella casa,/ fija, terca, clavada, nada tiene que ver con los caminos/ ni con su compañera que está enfrente». La ciudad endurecida también en lo que se mueve: «Pasan carros y coches, se deslizan/ a su negocio, mudos, sin colores». El total está gobernado por «Una firme consigna de silencio». Se pregunta la voz poética por la promesa de ayer. Y en el momento que aparece la esperanza ésta toma la forma de manos: «Brotarán manos/ de los muros, los árboles, del aire». Las manos, también en este poema se presentan en el momento de emerger, brotando, con vida y energía propia: «Brotarán manos que buscarán manos/ cordiales de los muebles y los hombres», son promesas; hoy sin embargo esas manos no existen: «Hoy aislamientos como agujas negras/ mientras se alarga alguna mano abierta/ con desesperación y con vacío». No hay nada, la consigna de silencio impera en la ciudad: «Mirad cómo se vuelven/ de espaldas las paredes». La voz poética se vuelve entonces hacia sí misma increpándose: «No, no golpees más puertas/ y lanza la llamada en tu costado». El mensaje de luz, se vuelve personal y también la redención, también la promesa, que tomará a su vez forma de mano solidaria que tendrá la capacidad de sonreir amar y redimir: «Se abrirá comprensiva una sonrisa/ de entre tus dedos, y a pesar de todo/ el amor seguirá, y entre la mano/ crecerá una cayada de luz recia/ para espantar las selvas de locura».

En *Desde aquí mis señales*, el poema «Lluvia» (79-80) describe la comunión entre el sujeto y su entorno en una tarde de lluvia otoñal. Las manos juegan aquí su papel de promesa indestructible en un tiempo que despoja. Hay expectación en torno a un cuerpo tenso y parcelado: «Los ojos, horadando la tarima», «los labios, apurando los humos del tiempo», las yemas de los dedos acariciando telas de quietud». Esa paz tensa se rompe súbitamente con el viento y la lluvia en los cristales. El sujeto se vuelca hacia afuera, se desnuda en una naturaleza ambigua: «hojas de nuestra carne,/ hojas de nuestro libro/ más oculto, miramos/ cómo las lleva el viento», pero la energía se recoge, negada y rebelde, latente: «Ya el esqueleto sólo,/ un marfil de energía/ fosforescente y única». Ambiguo el final con la promesa de una esperanza difícil pero inextinguible: «La huella de una mano/ clavada en la pared».

En *Desde aquí mis señales*, el poema «Elegía a un jardín en ruinas» (45-47) amplía la visión de las manos como los aspectos redentores, en la expresión de los sentimientos por medio de un cuerpo parcelado. El yo se pasea por un jardín en ruinas. Toda la belleza aparece en abandono y decadencia, un paraíso perdido, un eco de anterior serenidad inalcanzable, ya. «Y pide, pide estanques/ la tierra del jardín abandonado». Este jardín en metonimia es el espíritu atormentado del sujeto: «oyes crujir temores vegetales», hasta que se produce una identificación clara entre ambos: «Ya no hay tiempo/ .../ tras las cortinas de los nervios verdes, amarillos y rojos». El jardín puede amenazar y convertirse en fantasma. El pez del estanque se puede convertir en monstruo: «otra mueca ../ en la boca de nácar/ del sorprendente monstruo/ que relampaguea y gira/ sobre la transparencia/ de espejos deslizándose». El jardín reclama una protección y una energía anterior, ¿ irrecuperable?, «Pues la belleza sigue/ reclamando una mano/ que se detenga lenta sobre ella como un ala/ .../ la acaricie sin tiempo». Y esa mano ya, víctima del tiempo, sea inútil: «muestre / ya los huesos al aire/ en desnuda plegaria/ de dolor descarnado». La idea de la mano, la mano ideal, la inextinguible, a pesar de todo, prevalece. La esperanza prevalece porque todo sigue: «Y si otra mano ahora, la fuerte, la que cuenta,/ la que avanza y derrama claridades,/ tiene brasas de ardor, brasas de un tiempo/ que actúa y doma las sombras, las sutiles/ transparencias sin más, los espejismos». La mano posible y eterna redimirá lo efímero y doloroso de «la mano encallada/ ../ sobre el viejo jardín que ya se asfixia».

Dedos

A veces la culminación de la esperanza se manifiesta en los dedos, como la desesperanza puede representarse en dedos podados o cercenados, a los que se ha hecho referencia más arriba. Las manos llegan a su máxima expresividad en los dedos. Así se ve en el poema «Estirpe lunar», de *Paisajes conjurados*:. La poeta pide a la luna que se incline ante «dedos sueltos que nos podamos porque ya no sirven».

La pluma que recibe de Teresa de Jesús en el poema «¡Tu imagen de repente!» (12-13), en *Paisajes conjurados*, viene directamente de los dedos: Allí la oficiante de este bautismo espiritual y poético, la otra Teresa, Teresa de Jesús, oficiará la ceremonia de bautismo transmisión de vida espiritual y poética que pasará a la niña por medio de la pluma que cae «la pluma de una paloma ausente/ que llevaban tus dedos encerados/ cayó sobre mi nuca « (12).

En el poema «La selva» de *Desde aquí mis señales* (73-76) que contiene descripciones de un mundo caótico, inspiradas posiblemente en la guerra Civil, la única y resistente esperanza se expresa en las manos: «miramos nuestras manos/ sentimos un refuerzo», pero son los dedos los que mejor sintetizan la lucidez y la acción: «Sana lógica hierve en los dedos, deprisa se descubre la historia/ por hacer, se desploman/ los solemnes despojos/ de una selva de sombras».

5. LA MIRADA

Por último, un aspecto esencial de la presencia del sujeto desintegrado se centra en la mirada como posición, de sujeto u objeto. El poder radica en el sujeto que es capaz de ver y convertir en objeto lo mirado, a la manera del cantar de Antonio Machado, «el ojo que ves/ no es ojo porque tú lo veas,/ es ojo porque te ve». Freud indica tres posiciones que ponen de manifiesto la pérdida de poder del sujeto y su necesaria conversión en objeto: el sujeto mira y lo mirado se convierte en objeto, esta es una mirada perversa en el sentido en que quiere proyectar un dominio pleno del sujeto; la segunda posición alterna entre ver y ser visto, se mantiene en un estado de tensión e inseguridad propia de un sujeto que ha entrado en el sistema de cambios propios de la posición del sujeto. La tercera posición es, como la primera, patológica, el sujeto se convierte en objeto y es dominado por el que lo ve [26].

Lacan integra la explicación de Freud en el sistema lingüístico, de significante inestable, que puede adquirir diversos significados de acuerdo con la posición del sujeto que realiza la acción de mirar, tal como se ve en su análisis de «La carta robada» de Edgar Allan Poe. El sujeto entra en el dominio inestable de la lengua y su identidad se desintegra, la mirada es la que da significado a unos significantes inestables. Los ojos y la mirada, así pues, tienen la capacidad de intuir y descubrir verdades ocultas [27].

Las distintas posiciones del sujeto y objeto en la mirada son aspectos esenciales del mundo que presenta Elena Andrés. En él en efecto la mirada en sí es la que marca el dominio, quien sea el sujeto puede conocer y asignar identidad a los objetos que ve. La pérdida de la posición de poder y el convertirse en objeto, puede marcar la imposibilidad de adaptación al sistema de relaciones que el sujeto implica, y la aceptación de la pérdida de poder como parte de las mútiples posiciones y en ese sentido la perdida de control y de unidad de sujeto. Un poema en el que

---

[26] Cf. «Instincts and Their Vicissitudes». *The Standard Edition of the Complete Psychological Writings of Sigmund Freud*, Vol. 14 trans. James Strachey (London: The Hoggarth Press, 1955).

[27] Cf. «Lacan's primary contribution to psychoanalysis - and by extention to narrative theory - has been to elaborate this notion of the text: an economy of conscious and unconscious systems in various stages of disunity - a text/system governed, as Lacan shows, by metaphore. A primary assumption underlying Lacan's reading of the Freudian text is that in it words as such exist in a 'conscious' system where signifiers in one constellation (or chain) of association continually stand in for signifiers in another». ROBERT CON DAVIS, «Lacan, Poe, and Narrative Repression» in *Lacan and Narration. The Psychoanalytic Difference in Narrative Theory*. ed. Robert Con Davis (Baltimore: the Johns Hopkins University Press, 1983): 989.

aparece este terror a perder el poder y tranformarse en mero objeto se puede ver en el poema «Ramo de rosas negras» de *Trance de la vigilia colmada* (93-94); La poeta asume en primer lugar el lugar de sujeto y conocedora de las circunstancias: ella sabe un secreto que nadie más comparte. «En la noche/ las densas pesadumbres/ en planos oscilantes./ Y surgen unas flores/ negras, recién paridas». La voz poética sabe bien la existencia de esas flores que ella misma ha parido y por las que ella misma siente piedad, puesto que derrama «lágrimas maternales» si bien sean «de una ternura hepática». El sujeto, una segunda persona de singular, en la que se desdobla la voz poética quiere librarse de esas flores negras: «y sales a la calle,/ pues subrepticiamente/ deseas depositarlo/ allá en cualquier esquina/ [...] / pues no puedes tenerlas ya en las manos».

El problema es perder el control y convertirse en objeto: «pero hace mucho sol y hay muchos ojos/ faeneros, acechantes, matutinos». Comienza entonces el duelo, la huida por toda la ciudad tratando de ver y no ser vista «Y tú con ese ramo. Imposible dejarlo». El sujeto se va al parque, pero el parque tiene vida «Hay pájaros, hay ramas,/aire en besos de vida». Las flores son mortales: «Por aquí que no hay niños, que no hay niños» por fin encuentra un lugar adecuado «sobre ese banco». Ahora aparece el terror a perder el poder y a convertirse ella en objeto controlada por otro: «Pero un hombre te ha visto/ te ha llamado» Aquí empieza la persecución y el pánico: «al principio creyó que era un olvido./ Luego fue la sospecha». La aterrada persecución de la mirada imposible de eludir, la mirada que aplasta y destruye, queda pendiente del poema: «Pisabas los jardines/ lo prohibido./ Te escondías detrás de troncos de árboles./ Más te seguía obstinado/ y aún te sigue».

La mirada es la lucidez, pero esa lucidez sólo conduce a la nada, al vacío o al terror, la única sabiduría que confiere la mirada a quien la posee es el conocimiento negativo. En *Dos caminos* el poema «Otra mirada» (40-45) ofrece otro tipo de posesión por la mirada. El poder viene ahora de una montaña cuyos ojos la convierten en sujeto que absorbe a los humanos: «Con qué ojos/ nos mira esa montaña./ Voy notando un extraño bienestar en los huesos», se inicia y concluye así un proceso de metamorfosis el sujeto humano, convertido en objeto por la montaña, comienza y completa un proceso de metamorfois, de hombre a árbol. «(Ha vencido la tierra)» el regreso a la tierra «yo volveré en silencio/ por el viejo camino,/ con los ojos ahogados en tu paz, ya perdidos/ definitivamente».

En *Desde aquí mis señales* el poema «Monólogo en el recuerdo» (103-104) presenta otro tipo de mirada, la mirada del amor. En ella hay poder mutuo y afirmación mutua. Es la mirada que no produce un objeto sino que convierte al objeto en sujeto. El poema trata del recuerdo, el amor pertenece al pasado y está ahora presente: «Sacas de ti, del fondo, ya atardece,/ tu plácido recuerdo que germina» Del amante permanece la mirada viva en el recuerdo: «Honda mirada, querías descifrarme./ ardiente ráfaga, viril luz que acucia,/ que me acuciaba en éxtasis latiendo. ¡Qué noble fue tu lluvia en mis paisajes». La fuerza generadora de esa mirada que ya pertenece al recuerdo, no obstante tiene la suficiente potencia como para seguir confiriendo identidad, la voz poética después de este recuerdo tiene en las «manos ... algo que florece».

En el poema «A mi adolescencia», comentado más arriba con relación al cuerpo alienado, la mirada representa un camino de sabiduría trágica e inevitable. La muchacha adolescente posee la clave de la penetración en el mundo de lo simbólico y está fatalmente condenada a entrar en él: «ojos perennes,/ eso sí, ojos perennes:/ dos aguas que taladran hasta el centro/ (tan duras, tan osadas)». La mirada de la adolescente no le permite ir hacia una serenidad: «a la absoluta hoguera sin demonio/ que nadie ve, pureza indescifrable». que en realidad ya no puede existir. La adolescente desaparece destruida por la palabra, don al que está abocada: «Mas ya sólo me queda/ un frío remordimiento,/ un lejano recuerdo de que la maté un día». La voz poética arrastra pues un cadáver, que es paradójicamente un impulso hacia la luz «y mi conciencia/ no termina del todo de creerlo;/ y es la verdad: esta espada de sombra/ de ardiente sombra,/ y estas gotas de luz/ cual sangre resbalando,/ de pubertad que encierra mi secreto». El secreto es ese cadáver redentor que acompaña a una poesía que ahora sí se apoya en lo que es irremisiblemente frente a una inocencia imposible «No pudo ser, amén». El poema presenta el desgarramiento del yo que se duplica en un cadáver, ciertamente redentor que no ha abandonado del todo al sujeto poético.

Posiblemente la más trágica presentación de la mirada como enfrentamiento y lucha a muerte aparece en el poema «Estirpe lunar» (68-70) de *Trancela la vigilia colmada*, que presenta un tipo de mirada que produce el desdoblamiento del sujeto y la autoaniquilación. El poder que desata las sistemáticas catástrofes viene de la contaminación lunar. El astro tiene una representación humana, la estirpe lunar, «él pensaba y oía/ la carcajada fina de la luna/ como un silbido absorto». El hombre perdió su esencia humana, sus manos: «Un aliento sin peso/ ni átomo de densor/ le dejó las dos manos/ sin gravedad alguna». Las manos «se le estaban volando/ se volaban» y ya sólo «tenía algún sentido [su presencia] en las frías madrugadas solitarias» en «frías madrugadas de platino/ cuando el disco lunar amenazante/ se agranda más y más, se desorbita». Al despertar el día se esconde en algún sótano de olvido». Desde entonces este sujeto que se esconde de día y sólo vive de noche tiene un poder sobre los otros: «No conviene/ a él acercarse sin respeto alguno, porque tiene mirada;» El poder de lo oscuro, negativo, lo inexpresable, el inconsciente se puede proyectar a otros humanos: «tiene mirada, posee una saeta,/ da en el nucleo del ser: esa es su diana». El resultado, el sujeto se desdobla, lo consciente y lo inconsciente se enfrentan: «Produce enfrentamientos interiores,/ una honda introspección en el que él

61

mira/ al que surgen de pronto, inconciliables/ esos dos enemigos que cohabitan/ en la misma persona construyéndola/ —si no se reconocen frente a frente—» Aquí el consciente y el incosnciente, la mudez y la palabra, lo imaginario/semiotico y lo simbólico. ».enemigos interiores» «los hace que se miren y se enfrenten», «socavantes, sangrientos», no conduce este enfrentamiento trágico a la muerte «y no, no, no se matan, que se burlan/ uno del otro hasta destrozarse». Después el lunático «ya prendió la mirada/ en la nada de nuevo», «ya se ha vuelto a su cueva». La mirada es destructiva con respecto a los demás, pero también y sobre todo, con respecto a sí mismo: el sujeto contaminado, con la mirada oscura, tal como la voz poética lo interpreta destroza a los demás, se destroza a sí mismo o se convierte en fiera.

6. CARNAVAL

La desintegración de sujeto o el imposible humanismo, que en resumidas cuentas viene a ser la imposibilidad de fijar el significado en un significante inequívoco, se ve en la poesía de Elena Andrés no sólo en la disgregación del yo expresado en la duda de la poeta ante su propia identidad, se da también en el repetido tema del carnaval y las máscaras, la lucha entre la multiplicidad y la unidad o lo que la propia poeta denomina a veces como esencia frente a existencia. Una cita de Dostoiewski sobre la realidad da aquí una pauta: «Para mí, nada puede haber más fantástico que la realidad». El tema del carnaval es muy frecuente en todos los poemarios. En dos de ellos (*El buscador* y *Desde aqui mis señales*) hay poemas con ese título, pero como tema se repite hasta el último libro, ilustrando la consistencia y la profundidad de esta poesía.

El «Carnaval» de *El buscador* (64-65) presenta un sujeto que sale de su máscara para expresar su identidad pero que está condenado a retornar a ella. Hay un momento casi mágico a partir del cual se puede producir este viaje, es el carnaval que a la manera inversa permite ver la identidad en vez de ocultarla. «Gotas de agua y de luz,/ casi divinas/ como confetis de mensajes rotos/ han ablandado estas calizas máscaras ... que me ciñen los brazos y los ojos». Así despojada de máscaras «ropajes viejos de vendas extrañas/ casi heredadas y cedidas siempre» aparece, doliente, enimático y poderoso, lo oculto, lo imaginario lacaniano, «dentro voy yo: herida de seis puntas/ como una estrella de sangre y mirada». El poder del sujeto y su freno son precisamente la mirada (que potencia como ya se ha visto) y la sangre (que sojuzga, como se verá más adelante). Desde esa desnuda y vulnerable identidad el sujeto mira las cosas «estoy mirando aquel árbol triste,/ tienel tronco grisáceo y me recuerda/ algo humano, quizá algún gesto amigo/ que no sé cuando o si lo vi algún día». El árbol, transformado en humano, es un espejo de la identidad dañada, inescapable, de la que la voz poética creía haber podido huir: «Allá entre los ramajes cuelgan sueltas/ aquellas vendas mías y aquellas viejas/ cortezas vegetales, como máscaras». El final es la ineludible vuelta a la carencia inicial, a ese amargo carnaval que reprime y ahoga: «después, con nuestra máscara incrustada/ de polvo muerto calcinado, brillos,/ y bocanadas de ese sol que atonta,/ seguiremos pasando nuestros días».

Tomemos otro ejemplo del tema de carnaval, y la imposible identidad de la voz poética, del poema «VII» de *Eterna vela* (19-20) que comienza creando un misterioso ambiente carnavalesco por medio de una lluvia de confetis: «Lanza la brisa a intervalos fijos/ confetis de unos blancos carnavales»; el surrealismo de la pesadilla aparece en la risa macabra de las casas «Y las casas al verme pasar ríen/ achatando sus negros portalones». La duda sobre la propia identidad, el desvanecimiento del yo surge de dentro de la propia voz poética «¿Llevaré el pensamiento disfrazado?/ ¿Ceñirá mi cabeza el cucurucho/ de agua que lleva el personaje Nadie,/ el caminante eterno que no tiene/

nacimiento ni muerte ni aun olvido?» El esfuerzo del mundo de la lucidez, o de lo simbólico, con afán de comprensión se une aquí por medio de las metáforas a impulsos escondidos del orden imaginario. En medio del forcejeo desaparece el sujeto y queda la palabra artística como único exponente de esta angustia. La máscara no oculta, es la verdadera identidad inexistente. El carnaval puede revelar también la falta de identidad en los demás de la misma sobrecogedora manera. «Hora propicia» de *Desde aquí mis señales* (159-162) por ejemplo, empieza describiendo un baile, una escena feliz pero inquietante: «Se enarbolaron manos, se tensaba/ la vida, y en la noche/ todo el amor se descubrió y danzaba», «sangre cordial, unidad viva». En ese punto, el momento de verdadera sinceridad es cuando la imposibilidad de expresión de la identidad propia —que no existe— aparece. Todos en este baile quieren quitarse la máscaras pero «Algunos al quitarse/ en noble borrachera, su máscara, arrancaron su rostro con su alma/ y corrían sin cabeza/ ya perdidos del todo». Lo que queda del baile, del impulso de amor, es una escena siniestra: «debajo de la ráfaga/ de fantasía del aire/ lunar, aparecían/ —móvil friso maldito—/ con tenaz precisión/ las máscaras carnosas;/ sus sonrisas heladas». La redención no es posible, se alude al «sueño que tuvo Dios un día», pero que es sólo eso, un sueño: «Más ahora miro bien, abro los ojos: no hay nadie». Este desasosiego de raíz en efecto existencial, esta lucha, tan unamuniana, expresa también el imposible humanismo que ilustran los estudios sicológicos de Lacan: «¿Donde estás realidad, una y completa,/ con tu música cósmica que borre/ el corazón concreto lacerado?».

En un ángulo muy distinto, desde la perspectiva del mundo exterior y, en este caso de los animales, la aspiración a una esencia, es igualmente fútil. *Desde aquí mis señales*, «Carnaval» (11-112) expresa la aspiración a la unidad armónica, a un mundo inexpresable y ciertamente platónico, que trata de asomarse por doquier. Ahora aparece lo aparentemente más humilde e inocuo, un gallinero trascendiendo a otra realidad imposible: el tiempo y el espacio aparecen representados en sus dos posibilidades, efímero y eterno, «Las lilas y su sueño... se deshacen», «La higuera en el centro estaba firme/ con sus manos pesadas, existiendo». La transformación milagrosa se hace posible en un momento de plenitud: «Un cielo rojo/ arrojaba confetis de reflejos» y lo que entonces puede ocurrir en el humilde recinto es insospechado: «Nadie supo jamás aquella tarde/ que el gallinero aquel viviera un sueño de carnaval». Gallo y gallina cobran su auténtica identidad de idea, pudiera decirse, de realidad «el gallo acariciaba/ un alambre ¿en su pata surgió un dedo?/ gallina pinta, andares tan soberbios». Pero ese momento es insostenible. Como se ha visto arriba, lo inminente e inescapable hace una llamada, también en forma de mano, pero esta vez no es una mano surreal, sino muy real: «salió una mano absurda/ que les arrojó trigo». La llamada causa un momento de suspense y desorientación «gallos y gallinas/ de gesto inadecuado, inverosímil». pero al fin vuelve lo dolorido cotidiano, se impone el cuerpo: «hubo un salto/ de una vida tenaz y devoraron».

7. METAMORFOSIS

El camino de una aspiración a la plenitud y su imposibilidad, así como la constatación de lo ambiguo y dudoso, se expresa también en las metamorfosis, algunas de las cuales aparecen en ejemplos ya comentados en los que árbol y lagarto que cobran parcialmente identidades humanas. Las metamorfosis son momentos de vértices, de unión o enfrentamiento de los dos mundos que aparecen de manera consistente en la obra de Elena Andrés. Se observa en todos los casos una aspiración frustrada del sujeto, o de la humanidad en general a dominar, a conocer, a acceder a un humanismo pleno.

Un ejemplo de la futilidad humana en su afán de dominar a la naturaleza puede verse en «Forma, materia, huella» de *Desde aquí mis señales* (57-59). De nuevo se ve la mezcla trágica: la aspiración humana al imposible dominio, y su derrota en los ámbitos de lo inexpresable. El sujeto se sitúa en la noche, tiempo privilegiado en la poesía de Elena Andrés para el tránsito de los universos, que une y separa: «Es de noche, un sol opaco helado/ me ha palpado la espalda». Ahí el tiempo y la materia van a poder expresar su secreta identidad, imposible de alcanzar para los humanos. La poeta en este momento de trance puede vislumbrarlo de manera efímera y dolorosa. Se ve en primer lugar «el tiempo vivo con su oleaje exacto» reflejado en los objetos, «va barnizando pasmos, superficies/ curvas, aristas/ nítidos perfiles/ de muebles», y también en la vida humana, «cuántos amigos se van alejando/ de espaldas, para siempre hacia la niebla». Pero en ese momento mágico al que la voz poética ha podido acceder, el tiempo cambia de entidad y la materia también, revierten a su ser ideal y nunca extinto, pero también nunca presente para los seres humanos: «hay en todo un pasado que lame/ sueña y gime/ y un presente que bulle/ un futuro acechando» nada muere del todo. Se ve cómo la silla se transfigura en árbol o, mejor dicho, cómo el árbol fue transformado por la mano del carpintero en silla. «Y el hombre, vida en ascuas, que dio forma,/ selló instantes con pálpito,/ impulso, calor vivo,/ y algo como unas letras/ ... /Sin percibirlo, en báquica tarea, las manos modulantes, dejaban unos signos». El árbol al entrar en el ámbito de dominio humano, al entrar en la lengua - letras, signos- resulta en una silla aparentemente dócil y separada de su origen intemporal. En consecuencia «hay huellas de una fecha fija/ sobre el lomo tan dócil/ del mudo mueblecillo/ en que dos manos robaron el tiempo/ de árbol a un árbol, le hicieron fantasma/ de humana forma vacía y silenciosa».

Pero en este momento de la noche, la silla recobra su muda, inapresable entidad, ajena al hombre modulador: «Un viento de huracán/, de una noche lejana, ya extinguida,/ hace casi mover la frágil silla» y aparece su esencia primitiva e invencible: «Hay un murmullo en la madera de átomos borrachos» aparece lo indominable, lo que está más allá, de los dominios humanos que intentan colocar «letras» y «signos» en sus producciones. ¿Es lo real —inaccesible lacaniano— lo que persiste indetectable?: «demoníacos y agudos unos dientes/ se sonríen y mastican los regresos/ de una materia única que vuelve». Para poder percibir ese rumor, que por otra parte tanto tiene que ver con las teorías de la física cuántica, hace falta una disposición casi inalcanzable: «Y si os brotan antenas de la atención audaz,/ en todo oiréis este rumor, en todo... el canto de la vida y de su burla».

Otro ejemplo de metamorfosis como aspiración frustrada a un dominio, esta vez centrado en el sujeto, aparece en *Trance de la vigilia colmada* en el poema titulado «Hipocondria» (19-21). Comienza con una lamentación de la voz poética: «¡Ay! A veces deseo ser endriago/ aunque tuviera que esconderme/ de todas la pedradas de la tierra». El precio por levantarse del nivel humano «todas las pedradas de la tierra» es pequeño considerando su posible objetivo, «con tal de tener alas». Las alas le darían el completo dominio, «amplios ámbitos,/ desprendimientos súbitos de los puntos de mira:/ crece lo Relativo bellamente/ en panorama cristalino errante». La utopía, el alcanzar «lo Relativo» la llevaría al pleno dominio y paz: «Ir al último risco y apurar la aventura/ de la soledad única y rotunda,/ planetaria, total». Su ser como endriago habría provenido de juntar lo imposible, el sujeto sería el producto del «coito alucinante— de un pájaro gigante y una dama». Los ingredientes mezclados serían «Dios-deseo» y «la barbarie que por la sangre todos transportamos». Los dos ingredientes, en efecto pertenecen a los dos órdenes humanos, el imaginario, la sangre, y el simbólico, Dios-deseo. Con esos elementos no se puede realizar el milagro de la totalización imposible: «Luz y nieve fundidas, luz y nieve/ y nada, nada más». La poeta en la noche, puede vislumbrar esta posibilidad, «noto que me palpitan los omóplatos./ Algo me va a pasar, ansiedad, vértigo!/ me fosforean las uñas/ como escamas de hierro y hueso duro».

Pero la índole humana se impone y la encadena; la metamorfosis no ocurrirá: «tengo en mis hombros secas las raíces/ desde antes de nacer,/ de las alas que ansío, y fatalmente/ mi linaje refrena mis impulsos». Y la paz no aparecerá, el dominio total no aparecerá. Si apareciera sólo sería locura «no alcanzaré mi estrella de locura» El sujeto es humano y por lo tanto limitado e incierto: «Hija de hombre y mujer, intransformable,/ no saldré de mí misma, encadenada/ siempre a mi identidad noches y días». El sujeto se lamenta de su fracaso «No sangrará mi mito», no la van a apedrear, no será endriago. A cambio «seré un monstruo más entre los otros/ que tranforma ya el odio, el amor puro/ en una indiferencia de suicida». Los endriagos no son monstruos, los humanos lo son: «seré un mosntruo más entre los otros,/pensante y paseante, catalogado ente». La poeta, vencida, se integra en la negación de la plenitud, en el ser humano indiferente, que a la manera unamuniana, camina en la niebla.

8. Hora incierta

De la misma manera que las metamorfosis y la carnavalización, son importantes los momentos incierto y fronterizos del día: la aurora y el crepúsculo, en los que dos entidades contrapuestas pero contiguas se unen. La madrugada y el ocaso son recintos temporales que marcan o bien la transición del día, lo simbólico y regido por la razón, a la noche, lo imaginario o regido por el deseo, o de la noche al día. Es decir, son momentos que relacionan lo consciente y lo inconsciente o en términos lacanianos el mundo dominado por la lengua y el mundo de los puros significantes, mundo surrealista sin lengua. De forma que la noche como pleno dominio de lo imaginario, puede expresar los sueños, las pesadillas, la ausencia de la lógica como verdades sacadas a la luz con una técnica surrealista. El trauma al tener que aceptar las limitaciones impuestas por la lógica se ve, por ejemplo, en el poema «Madrugada» de *Trance de la vigilia colmada*. (37-38). La frontera entre la noche y el día aparece como fondo: «Última fase de la noche, acaba./ Límite peligrosos, claror lívido». Se recogen los vestigios de un tiempo cargado de misterio y posibilidades, la noche. Es en este momento cuando «espectrales racimos vidriosos... cuelgan... de los combados cielos», cuando «una nube incolorora, eficaz trapo,/ recoge los murciélagos flotantes», cuando se apagan las luces «/en todas las estancias/ febriles ya las lámparas se esfuman», cuando las estrellas pierden su brillo «Fatalmente se borran con el alba/ constelaciones tiernas ... No quieren más, les hieren los reflejos». Es el momento efímero y sagrado del dominio de lo inexpresable: «el viento de la música/ del universo fluye, es a esta hora».

Lo humano hace su aparición en este mundo de las fronteras, con un rechazo a lo ordenado y estéril, hacia lo simbólico: «Una alcoba flotando en el negror. Clausuradas sus puertas, sus ventanas ... y dentro la obsesión autocomiéndose». Amenaza el mundo de la imposible lucidez del día: «Alguien no quiere ya más otro día: situación límite, decisión rotunda». Ese alguien el sujeto imposible, el impulso hacia la totalización, «encerrado, encerrado, duerme, muere». Aunque quizá el milagro se realice, a esta hora, ¿puede el poeta dar vida a ese impulso inexpresable? Ese Alguien, el sujeto, «a veces se activa en este trance,/ desafiante entonces procrea un universo desasido, se saca de su vida/ arcilla de enterrado» y aparece el milagro, lo inexpresable hecho palabra ¿será el don del poeta? pero esas criaturas no tiene referencia ¿podrán percibirse? ¿quién las percibirá? «Y vedlas en hilera/ sus criaturas hechas, respirando!/ Mirando un punto fijo eternamente/ sin referencia alguna./ El Absoluto».

Una reacción contraria es también posible, en «Melodrama de los amaneceres», también de *Trance de la vigilia colmada*, (85-86) el mundo de la vigilia y la entrada en lo simbólico es aceptado, pero casi como burla. El sujeto, clarividente, sabe dónde va »:Un vaso/ en la mesilla/ de noche/ va llenándose./ Se llena de tristeza/ mientras/ estoy dormida/ y cuando llega el alba/ me lo bebo/ fingiendo tener sed». Se produce en el aparente sacrificio, una sabiduría, que como es frecuente en la poesía de Elena Andrés se hace patente en la mirada: «Me lo bebo en dos tragos»./ La mirada se ahonda en las paredes/ que se echan hacia atrás» y el sujeto, que así ha adquirido esta sabiduría ya no es humano, se ha transformado en «el más lúcido trasgo/ caminando sobre el claror del día».

Otro aspecto del amanecer se ve también en *Trance de la vigilia colmada*, se trata de «Jornada en testimonio» (95-99). A la luz del amanecer en las calles sin barrer, aparece un paisaje de objetos abigarrados con rasgos surrealistas: «Y reptan por el suelo/ cajas abiertas de ámbar y hojalata,/ ramos de lilas, papel decorado;/ azules lacrimarios, dijes, cintas». Al amanecer «Los gráciles recuerdos de otras épocas/ ahora afloran al suelo» y el suelo se abre: «se han abierto los poros de la tierra/ cruje el asfalto, grietas como gritos». Aparece un universo de más objetos: «bolígrafos inútiles, un cuchillo, una cáscara, una cresta de gallo, una peseta» es un universo absurdo y desconectado: «un dedo cercenado/ y su actitud de señalar ya suelta». Es, en efecto es mundo onírico, de mudos significantes sin significado, sin posible interpretación. El panorama aparece, además, desafiante: «Y todo está sembrado/ de llaves, llaves, llaves ¿y no hay nada que abrir?» Nada que abrir, el mundo aparece sin centro, sin posible iterpretación ni clave : «Algo se ha derruido/ la cerradura y puerta del espíritu: polvo sin sosiego». Podría encontrarse una clave, «darse podría el sorpresivo análisis», pero no hay nada trascendente, sólo el deseo hecho absurdo, «el gesto vaciado/ el trascendido helor del gran payaso./ Su sonrisa invencible, suicida y arretórica». Y las claves, las posibles explicaciones del mundo ordenado de la lengua es, igualmente una locura imposible: «el ombligo del dogma de los dogmas/ está lleno de hormigas que pululan/ ambiguas y voraces». El inventario de la conjunción de lo humano, de la noche y el día no deja verdad ni claves, sólo el eco de una carcajada sarcástica.

9. LA NOCHE

La noche puede abrir caminos. En su oscuridad y ambigüedad el yo puede encontrar un descanso. Como ya se vio en el apartado de la fragmentación del yo, en el poema «Libertad nocturna» de *Desde aquí mis señales* (113-114) la voz poética se regodea de haber salido de su propia individuacion para entrar en lo común. La noche aparece sustentada sólo por la luz múltiple de las estrellas. La voz poética las contempla y se apaga la lámpara, «el espíritu, aceite/ que embalsama el cuerpo» y así el cuerpo liberado, sin el agobio del espíritu, el cuerpo con sus deseos su mundo inconsciente «resbala en las manos ... de recuerdos perdidos/ en bloques milenarios». De esta manera el cuerpo puede, seguramente regresar a la etapa preedípica, en la que no hay lengua, no hay espíritu, «El cuerpo y su aventura/ casi a medias se hundía/ en arenas calientes/ de todos los paisajes», «en mares vibrantes de calor».no hay sujeto, no hay yo, no hay lengua, hay sólo el cuerpo de la etapa del espejo, «ungido por el óleo» sólo «libertad: los gestos/ en mi gesto de miles/ de seres distendidos» sin angustias y sin fragmentación «ya libre / de individuación». Lo consciente y lo simbólico con su carga de impotencia han desaparecido: «libre/ en la noche burlando el yo alerta y sus yugos». La voz poética ha vuelto al mundo de la paz, de lo imaginario: «en la noche, ya libre del uno y sus cadenas». La solidaridad, el amor, hace posible la huida del dolor en la noche

También en la noche se producen otros momentos mágicos de liberación; el Buscador viene a verla («En el cuarto en penumbra te he sentido») el Arlequín viene a verla, («Al Arlequín de Picasso») la madre muerta la consuela («En memoria») ambas en *Paisajes conjurados*. En el primer caso, es el momento del sueño, la voz poética se refiere al Buscador «cuando pasaban paisajes en ráfagas ... en el cuarto en penumbra te he sentido». Este Buscador podría ser la voz poética en libertad, lo que suplementa la carencia de la voz: «Eras la estatua de sal con el rictus/ amargo de los pesos ancestrales». El Buscador, absorve y puede interpretar lo que para el sujeto es imposible: «sueños que iba destilando mi boca semiabierta .... absorbías sueños y palpabas noche».

La madre viene a proteger a su hija contra las fuerzas hostiles durante la noche: «Tú, ya fuera del sueño/ de las noches telúricas», dotada de un poder que le viene a no acarrear el cuerpo «sin tirones de fuerzas/ gravitantes, opacas». La madre puede velar el sueño y las acechanzas «desvías el granizo de mi sueño» y, milagrosamente puede crear un «agujerito azul: un cielo virgen/ justo sobre mi cama, en mi cabeza». Y de ahí la fortaleza y la nutrición espiritual: «para que un rayo inédito del cenit/ se filtre en mí, me nazca germinado».

Una tercera visita es la del Arlequín de Picasso, «hijo mío, el más querido. El que no quise yo jamás tener». Este hijo inexistente cobra cuerpo en las noches y visita a su madre «te entreveo : mis ojos llameantes/ pegados a sutiles cerraduras» Es en ese tiempo, a esas horas misteriosas cuando le produce la visión: «En alguna alta noche de elegida/ rajo en vislumbres el techo, que oprime/ de gravedad telúrica/ mi pecho y te entreveo».

Pero en la noches también se desatan, los engaños, los terrores y las pesadillas. Un episodio de este carácter aparece en el poema «Noche reconstrucción» de *Trance del a vigilia colmada* (33-35). Esta vez no habrá reposo, mientras exista la mirada no se puede retroceder a la liberación de lo puro imaginario. En este poema aparece el concepto de desnacer, que resuena con ecos unamunianos en la obra de Elena Andrés. En este caso el desnacer no es dejar de existir, desaparecer, se trata más bien de pasar a otra dimensión. Podría ser, siguiendo la línea de análisis que nos hemos planteado, retornar a la raíz de la formación del sujeto: «Espacio curvo y negro... se van desdibujando rostros. Nariz, boca sin forma, evaporada el agua electrizada de los ojos». La persona desaparece: «Todo/ montañas de ceniza/ con una opaca luz/ de fondo medular», todo se va desnaciendo en la noche, en lo gris, solo quedan dos ojos. La mirada es el conocimiento, la posibilidad de saber. Por eso el sujeto, no se ha disuelto del todo, le queda la mirada, con la cual puede seguir su propio-ajeno acontecer. Los ojos «como piedras preciosas milenarias» que « calan la oscuridad y la iluminan». Lo que ve es esto propio-ajeno, «¿saltó tal vez de la propia mirada?». Del sujeto inicial queda sólo la mirada: «Me he quedado del todo ya vacía», pero mientras la mirada exista, la conciencia existe y en la noche, aunque el sujeto sienta su extinción: «Apenas ya si noto/ el bastón de mi yo/ golpeándome la espalda como siempre», su desdoblamiento existe y la suplanta: «ahora mi criatura ... se desgaja de mí, cobra forma, sentido/ .../ se calza con mis pies».

El sujeto desnacido ve a esta despersonalización que se ha transformado en una mendiga, en la noche «se ha ido quedando estática/ bajo miles de estrellas», «con la mano tendida/ sobre la noche espera» y en la mano le caen números. Los números son significantes sin significado. El yo fragmentado se impone. La figura ajena-propia ahora toma rostro y forma, «su mirada se afila ... debió morir entonces, mas no pudo». ¿Quién es ahora el sujeto? «Números que se mueven en enjambres/ números en su sangre la acribillan/ por dentro, le dan vida». Es la imposibilidad de desnacerse, de retirarse del propio sujeto, la recreación va a otra y esa otra es ella. La pesadilla se propone como adivinanza, no hay salida para el yo.

VI. LO MATERNO Y LO FEMENINO

Siguiendo la línea de análisis freudiana, Julia Kristeva, penetra más profundamente en el análisis del inconsciente; así lo que Lacan denomina imaginario, Kristeva lo define como lo semiótico, ya que alberga las raíces profundas que facilitarán el proceso de significación en los seres humanos. Sus estudios examinan la constitución del ser humano desde el útero y en consecuencia desde la madre, y exponen el resquebrajamiento y la formación del individuo entre la sustancia no verbal (el cuerpo) y la ley del orden y la lengua (o el otro) [28].

Según se ha mencionado en el apartado anterior, las teorías de la lingüística aplicadas al psicoanális, ayudan a comprender el deseo, lo que no se posee, como la angustia postestructural, que procede de la lengua como ausencia. Lacan explicaba que la lengua se comporta como metáfora, se mueve en un plano metafórico. Lo que expresa no es lo que lo semiótico dicta ya que no lo puede expresar y, así, lo que la lengua produce, como en la metáfora, señala hacia una ausencia. Para Kristeva el lenguaje artístico permite la exploración de los niveles prelingüísticos, procesos y relaciones anteriores al signo y a la sintaxis. Desde un punto de vista genético estos procesos significativos se han identificado como anteriores y necesarios para la adquisición de la lengua pero son muy difíciles identificar en el discurso ya constituido por la propia lengua.

Siguiendo un concepto platónico sobre la articulación de la lengua en el *Timeo* Kristeva denomina *chora* ($\chi\omega\rho\alpha$) al espacio en el que comienzan a perfilarse las pulsiones, las condensaciones y los desplazamientos (metáforas y metonimias), el ritmo. En este seno constitutivo del ser incipiente, situado dentro del útero materno, tiene lugar el origen de la significación. Se-

---

[28] The hysteric split between non verbal substance (body, drives ...) and the law of order (of the other). TORIL MOI, *The Kristeva Reader*. (New York: Columbia University Press, 1986): 9.

gún la lingüista búlgara «La teoría del sujeto propuesta por la teoría del inconsciente nos permitirá leer en este espacio rítmico, que no tiene tesis ni posición, el proceso mediante el cual se constituye la significación. El mismo Platón nos conduce a tal proceso cuando llama a este receptáculo o *chora* nutricio y maternal» [29]. Así pues se conecta este primer proceso con lo materno como primera plataforma de las posibilidades significativas que arrancan de lo que la lingüista denomina no todavía significación, sino significancia y este proceso es observable en el texto artístico.

La poesía de Elena Andrés ilustra muchos de estos aspectos del primer impulso significativo del nivel semiótico y su momento de unión con la entrada de la lengua y la aparición del sujeto en la etapa simbólica, que Kristeva denomina el momento tésico. Como ya se ha visto en el apartado anterior, una gran parte de la poesía de Elena Andrés parece centrarse en ese momento que Kristeva define como «lo tésico —ese lugar crucial sobre cuya base se constituye el sujeto humano como significativo y lo social— es el auténtico lugar hacia el que aspira la experiencia textual. En este sentido, la expereriencia textual representa una de las exploraciones más arriegadas que el sujeto pueda permitirse, la que hace incursión en su proceso constituitivo» [30]. Estos comentarios de Kristeva pueden presentar parecido a lo que Elena Andrés reconoce como momentos críticos e inefables, en los que: «... la conciencia, la

---

[29] «The theory of the subject proposed by the theory of the unconscious will allow us to read in this rhythmic space, which has no thesis and no position, the process by which *signifiance* is constituted. Plato himself leads us to such a process when he calls this receptacle or chora nourishing and maternal». *Revolution in Poetic Language*. trad, Margaret Waller. New York: Columbia Univerity Press, 1984): 26.

[30] «The thetic phase] that crucial place on the basis of which the human being constitutes himself as signifiying and/or social - is the very place textual experience aims toward. In this sense textual experience represents one of the most daring explorations the subject can allow himself, one that delves into his constituitive process». «Textual experience, Thetic phase», *Revolution of Poetic Language*: 67.

consciencia, que estuvo en tregua regresa. Retorna mordiendo la existencia de este ser de carne, sangre y pensamiento» (90). Parece, en efecto, la unión, de lo conflictivo, el nacimiento del sujeto de carne y hueso, como dijera Unamuno. Ya que este proceso artístico reproduce y copia la gestación y el alumbramiento del ser humano, Kristeva ha dicho que el artista es su propio padre, su propia madre y él mismo/ ella misma: «La obra de arte es la independencia conquistada a través de lo inhumano. La obra de arte corta la filiación natural, es patricida y matricida, de una soberbia soledad. Pero si se mira entre bastidores, como hace el analista, se encontrará dependencia, una madre secreta sobre la que se construye esta sublimación» [31].

El texto artístico es una de las prácticas significativas en las que puede constatarse la trayectoria de la significación, cosa que se evidencia en ciertos textos oscuros (Joyce, Mallarmé, Lautréamont). Todos estos procesos son, en efecto, observables en esta poesía valiente y sabia que nace de Elena Andrés, ya que como explica Kristeva, «la teoría puede 'situar' tales procesos de manera diacrónica dentro del proceso de constitución del sujeto precisamente porque funcionan de manera sincrónica dentro de los procesos de significación del propio sujeto. Sólo en la lógica de los sueños, no obstante, han llamado la atención y sólo en ciertas prácticas significativas, tales como el texto, dominan el proceso significativo» [32]. Dados los aspectos

---

[31] «The work of art is independence conquered through inhumanity. The work of art cuts off natural filiation, it is patricide and matricide, it is superbly solitary. But look back stage, as does the analyst and you will find dependence, a secret mother on whom this sublimation is constructed». TORIL MOI, *The Kristeva Reader*. (New York: Columbia University Press, 1986) «Introduction to the Semiotic Process»:14.

[32] «Theory can 'situate' such processes and relations diachronically within the process of the constitution of the subject precisely because they function synchronically within the sigifying process of the subject himself. Only in dream logic, however, have they attracted attention and only in certain signifying practices, such as the text, do they dominate the signifying process» *Revolution* , 96.

que con razón se han llamado surrealistas, la creación de Elena Andrés expresa con una fuerza única dentro de la poesía española, estos vínculos de los dos mundos el prelingüístico y el lingüístico, o la mezcla de lo semiótico y lo simbólico que configura a todo ser humano.

Por otra parte, en *El deseo en la lengua*, Kristeva especifica que el sustrato semiótico, estando inserto en la etapa pre-edípica, es decir en el seno de la madre y en la etapa del espejo, aunque se relaciona con lo femenino corresponde por igual a los dos sexos, ya que aún no ha aparecido la diferencia sexual en el individuo. Según Kristeva, ya que lo pre-edípico reune lo masculino y lo femenino, el acto poético en principio pertenece por igual a los dos sexos. El sujeto revolucionario, masculino o femenino (y la voz poética vanguardista lo es por antonomasia) es capaz de permitir que la *jouissance* (placer) de la mobilidad semiótica trastorne el estricto orden simbólico. Esta parte está eminentemente ligada a la madre (etapa semiótica), pero sólo podrá expresarse a través de la lengua que pertenece al orden simbólico. Julia Kristeva a diferencia de otras feministas de las escuelas francesas es profundamente antiesencialista. La feminidad para Kristeva sólo existe como marginalidad: «Kristeva no define la feminidad como una esencia pre-edípica y revolucionaria. Muy al contrario, la feminidad es para Kristeva el resultado de una serie de opciones que se presentan también al niño»[33]. Tal es la creación de Elena Andrés, que al expresar ese momento tésico de confluencia de los dos mundos, se constituye en voz universal, como se ha visto en el apartado anterior con respecto a la fragmentación del sujeto. La mujer sólo puede existir negativamente como rechazo a lo establecido de modo que su definición es estratégica y relacional.

Algunos de los hallazgos de Kristeva, no obstante, pueden permitir también considerar la creación en los

---

[33] Toril Moi, *Teoría literaria feminista* (Madrid: Cátedra, 1988): 171.

aspectos de género, es decir, los aspectos que señalan su identidad como mujer dentro de la voz poética ya constituida. Estos aspectos no son inherentes a la mujer, pero sí han sido culturalmente insertos en ella, dado el carácter de marginalidad que le asigna el orden patriarcal. Al mismo tiempo, el análisis de la etapa semiótica, ilumina el desarrollo de los estudios de relaciones objetales en el campo de la crítica feminista, especialmente a partir de Nancy Chodorov, para poder comprender mejor el sujeto femenino y su inserción en la cultura. Esta investigadora centra sus estudios en la relación entre madre y criatura, en cuya separación representa la etapa edípica, de adquisición de la identidad. A partir de ese momento se impone, culturalmente, la diferencia de los sexos. Chodorov trata de analizar el proceso de generización [34]. Este aspecto también se puede observar en la creación de Elena Andrés que está tan íntimamente relacionado con lo prelingüístico y en este sentido con lo maternal: el cuerpo, los temores, la sangre, el amor y con la difícil inserción en la lengua, el orden sintáctico y la ley u orden simbólico, como ya se ha visto. Pero esta poesía también está relacionada con los ámbitos que tradicionalmente son dominio de las mujeres en los que la marginación cultural las confina, como lo mágico, lo desconocido, la muerte, la genealogía. Aspectos todos ellos que relumbran en esta poesía.

1. Esa voz de sibila

Se puede encontrar, pues, un exponente soberbio de cómo por un lado, la poesía de Elena Andrés pertenece tanto a lo masculino como a lo femenino, al centrarse en esa etapa común a los dos géneros, y cómo al mismo tiempo, el hecho de que la poeta sea mujer, le concede una perspectiva que amplía estas mismas ca-

---

[34] Nancy Chodorov, *Feminism and Psychoanalytic Theory*. (New Haven and London: Yale University Press, 1989) : 23-31.

racterísticas expresadas en el género. Así por ejemplo hay elementos que pertenecen más a los hombres, «que se circuncidan el pensamiento» y expresan el orden y la ley, y hay también elementos que pertenecen más a las mujeres; están más cerca de lo mágico, lo ancestral, el mito, del amor y lo maternal. Desde las primeras investigaciones sobre la aportación de las mujeres a la cultura, que abarcan un espectro tan amplio como el que va de Bachofen a Cixous, Irigaray, Ribera Garreta, se comprueba la atribución a mujeres de poderes mágicos y ultrasensoriales. Elena Andrés posee como mujer una voz de sibila, como ya señaló Juan Mollá en 1964, y en efecto, su poesía refleja este aspecto mágico, ancestral y mitológico del que las mujeres han sido tradicionales depositarias. Hasta cierto punto se puede decir que una gran parte de la voz poética de Elena Andrés es la voz de una esfinge o de una pitonisa, y eso se percibe constatemente, incluso en la posición que asume como persona poética, con frecuencia sentada en el pico de una montaña: «Con dignidad, entonces,/ con un aplomo cínico/ te vuelves a sentar sobre los vértices,/ mágicos prismas de las vivas rocas» («Tiras de nuevo al viento», *Paisajes Conjurados*, 9); un lugar parecido se ve en el «Homenaje a Kierkegaard»: «¡El bastión de roca,/ galayo de plata que taladra cielos!» (en *Paisajes conjurados*, 51); otro tanto se ve en el poema dedicado a su madre: «Desde el punto de mira/ de mi roca asignada/ soy vértice, serena, firme vigía en la cresta/ de la altura contemplo», 32. El poema «A veces soy la yesca» de *Trance de la vigilia colmada*, (83) presenta una voz que se proclama universal y fuera del tiempo: «no sé ya si con o sin memoria» pero su tarea es iluminar: «La yesca pronta a arder» de manera natural y espontánea, «No es holocausto/ sanamente ardo», «no me consumo». El calor y la luz son «Yesca, yesca,/me prendo en hoguera». Esa es su poesía, su palabra a la que se acercan «con las palmas hacia abajo/ .../ las manos de invisibles».

Pero es sobre todo la panorámica que abarca el espacio poético sólo asequible desde una perspectiva única e incluyente, la que presta este carácter de voz universal y misteriosa. Esto se encuentra, por ejemplo, en «Naif» de *Paisajes conjurados* (63-65), donde se observa un paisaje de exuberante pero tosca vitalidad, en cierto modo brutal. Es el paisaje del origen. Pero este origen no es histórico sino ancestral, fuera del tiempo y fuera de lo humano. Parece responder a un mundo elemental y subyacente, enterrado en el ser. Las escenas, empapadas en una luz amarilla, son primero domésticas, en los vasares, en las jaulas, en las casas, en el agua oscura del pozo de un pozo «abandonado». El sol es dionisíaco, luego, es un «redondo gigante» que lanza «feroz carcajada» que espanta «a las nubes beodas». El panorama es vertiginoso: «La atmófera se inunda de color, verde, malva, escarlata, amarillo» la percepción aquí es tosca, vivaz, elemental e inhumano o mitológico: «Y el ocre ya es la tierra con las barbas/ de grama y el sátiro». «Peces de un tiempo muerto resucitan;/ más vivos que la vida, el verlos enloquece». Es una vida demasiado elemental: ¿dónde está la gente? Hasta ahora sólo se han visto cosas, astros, nubes enseres, peces resucitados. Sólo se han oído las carcajadas del sol dionisiaco. Hay hasta un sátiro en este paisaje frenético. En el paisaje primario se reconocen vestigios de lo puramente semiótico y en ese sentido de lo misterioso universal antes de la intervención de la ley y el orden humano que culmina en el dominio de lo patriarcal.

Con esa voz poética se puede recuperar lo inmemorial primitivo ¿una representación pictórica y llena de color del inconsciente? Tal pudiera ser lo que se percibe en «Oh la paz, veo la paz» de *Paisajes conjurados* (64-65), esa paz es un hipopótamo con las fauces abiertas que representan la esperanza. Es una esperanza «telúrica y densa, dramática y tan simple, benditamente torpe». Dice la poeta que el hipopótamo «parece ser el único morador» «que mereció la vida por la vida sin más». Aparecen al fin seres cercanos a lo humano pero no del todo: «las tres criaturas de una raza extinguida de la tierra». En el poema también se advierte una perspectiva que se acerca a un lector, a un destinatario en cuyo grupo está incluida la propia voz poética desde un tiempo separado: «Hoy ya nuestra mirada de sucia, innoble pátina no puede percibir» ese mundo inicial y esas criaturas, aborígenes, misteriosas e incomprensibles a quienes dio existencia «El Alguien de la Altura» y que desaparecieron, «el tirón de un imán y de pronto ascendieron». La verdadera identidad de la voz aparece al final del poema: «Estoy metida hacia el centro de la tierra», «todo me hace temer/ que hace ya miles de años que me enterraron viva». Esta voz femenina, milenaria, está sacando de las profundidades voces, visiones o sentimientos que existen desde el origen; es realmente la profundidad y el origen de la configuración humana que aún no tiene «boca, ni dedos, ni sombra». Está expresando lo que nuestra mirada no puede percibir. Ha descrito «La leal candidez/ de los inicios/ El recuerdo/ impóluto del origen», recogidos por medio de la voz, privilegiada, eterna y universal de la poeta.

2. Una cuestión de género

Como se ha dicho, siguiendo las perpectivas de Kristeva, la voz poética, indiferentemente de que sea de hombre o mujer es la única que puede reproducir en el proceso significativo, que es el texto, el punto de unión de esos dos universos o momento tésico. No obstante, según se ha expuesto más arriba, hay aspectos que van inherentemente insertos en lo femenino, tal como la voz de lo oculto o lo mágico, y aspectos que entran en lo masculino, como responsable de la ley, androcéntrica y patriarcal. De hecho el orden patriarcal se ha apropiado de lo simbólico en el que la mujer tiene un presencia sometida. Lo femenino, entonces puede seguir expresándose a través de su representación de lo semiótico en las características atribuidas a la mujer como carente de lengua, de lógica y de razón.

Y así en la poesía de Elena Andrés se encuentran algunos poemas que pudiéramos decir, denuncian la perspectiva androcéntrica como carente de alcance y hondura. Veáse por ejemplo en poema «Un sapo en la vereda» de *Trance de la vigilia colmada* (55-56). El poema presenta dos partes, en la primera hay una atmósfera plácida y bella, aunque inquietante, profundamente expresiva de la naturaleza y sus misterios, contradicciones y equilibrios, afín al mundo femenino: «Es el placer ahora y es la calma». La actividad intelectual tiene ese mismo matiz de serenidad y está representada por un batracio: «Un sapo, en el camino, / metido en una mancha/ de sol, medita, piensa». El mediodia es amarillo, «las hojas maternales» sostienen a un gusano. Aquí lo placentero y lo morboso se complementa, sapo, vencejos y gusano responden armoniosamente al «agua remansada», al «voluptuoso» humus, a los «ensimismados olmos». Pero al hacer su aparición lo masculino en su afección agresiva y brutal, toda esta armonía se irrita y se borra: «discordes, fuertes pasos./ Pasear le es negado a su naturaleza». La fuerza es destructora «va ahuyentando todas, todas las alas». Con sus pisadas «todo el campo se rompe». Mientras que el sabio sapo meditaba, este ser humano eminentemente androcéntrico y excluyente de lo sensible, «piensa con el músculo» y gravita a la irreflexion: «en su mejor momento/ tiene ciega añoranza/ del simio», y a la violencia: «Una gota de ira y de despecho/ le hace ansiar la guerra».

También el poema «¿No oís los gritos de lo que pisáis?» (87-91) presenta este aspecto, si bien de forma más matizada. La voz poética, aquí muy cerca de la sabiduría total de lo que hemos llamado la voz de sibila, puede revelar el universo, especificando las carencias de visión de quienes no pueden llegar más allá de sus límites, ostensiblemente marcados por una disposición cerrada, excluyente y androcéntrica. En este discurso el significante está ciegamente pegado a un significado fijo, es el dominio absoluto de la certidumbre estructural. Pregunta la voz poética: «¿Y no os circuncidáis el pensamiento?» El pensamiento con esa marca de ley y de patriarca es el alejado de lo semiótico, en realidad cerrado a él, atrincherado en una sabiduría que lo niega o no lo percibe, consecuencia de la circuncisión intelectual: «¿ ... no recogéis el recorte sangrante/ lo guardáis en las páginas de un libro/ como una mariposa disecada?». La voz poética va señalando la falta de sensibilidad de estos sujeto cerebrales definidos por lo que no ven, la luz: «el rictus despectivo y hosco/ de la luz que eclipsáis con vuestro cuerpo?» lo presentido: «¿las pisadas de los que nunca llegarán y vienen? lo humildemente natural, el rocío: «¿no os desescama los ojos hambrientos?». La voracidad y la ceguera son los atributos del autoritarismo patriarcal que no puede percibir la complejidad de lo invisible: «las tres caras/ que por lo menos tiene la existencia/ (dos angélicas y una demoníaca/ una angélica y dos más demoníacas;/ caben, caben y oscilan aún más combinaciones)».

Por el contrario el discurso puede expresar lo femenino cuanto más se aleje de la identificación de significante y significado, a la que tiende el orden patriarcal o el simbólico. El orden patriarcal impone la claridad de la lengua y la autoridad; lo femenino sólo se hace patente en el proceso de significación del texto. «Si lo femenino existe, sólo existe en el orden de la significancia o del proceso significativo y únicamente existe, habla, se piensa (a sí mismo) y se escribe (a sí mismo) en relación con el sentido y el significado posicionados como su excesivo transgresivo otro, para los dos sexos»[35]. Como se ha podido ir comprobando a lo largo de las presentes reflexiones, éste es el sentido de la voz poética en general y muy en particular de la de Elena Andrés.

---

[35] «If the feminine exists, it only exists in the order of signifiance or signifying process, and it is only in relation to meaning and signification, positioned as their excessive or transgresive other that it exists, speaks, thinks (itself) and writes (itself) for both sexes». MOI, *The Kristeva's Reader* 1: 11.

No obstante hay momentos en los que la unión de lo femenino y lo inexpresable aparecen explícitamente relacionados. Tal es el caso de «Mujer cotidiana» de *Trance de la vigilia colmada* (79-82). Tal distinción es común en la denominada posición de la diferencia de las teoría feministas cuyo exponente más influyente y conocido es posiblemente Luce Irigaray en la teoría francesa y Adrianne Rich en la angloamericana. Elena Andrés sitúa a las mujeres, entre las que se incluye en el exclusivo uso de la primera persona de plural, fuera del tiempo histórico, en un presente que nunca acaba, y fuera de un entorno específico, su presencia es silenciosa y universal, perceptible sólo por los pasos de una procesión innumerable: «Sólo el ritmo de pasos/ atravesando estancias, fríos pasillos,/ calientes saloncitos ,/ tristes casas en ruinas,/ pobres chozas pajizas, / y cavidad de inexistentes casas;/ opulentas mansiones,/ palacios alhajados de Venecia». Los opresivos confinamientos de las mujeres se muestran: «Por los mismos lugares los pasos infinitos. / Caminos acotados por paredes». Las carácterística inmediatas proceden de sus manos, solidarias y portadoras de vida: «Palpamos salas, colocamos brillos», unidos a una visión que, dotada de poder, puede penetrar lo impenetrable con el fin de proteger: «encendemos candela en los rincones/ sospechosos y oscuros, y movemos/ las manos afanosas días y días». Las mujeres poseen la capacidad de combinar los mundos de lo consciente y de lo inconsciente, de buscar remedios y equilibrios, salvaguardando la razón y el orden «¡El caótico turbión que no penetre!». Porque las mujeres «danzan en la placenta» y conocen los peligros y las defensas: «Volvemos a los cuartos, ya es de noche:/ semibalcones de enigmas sombrios,/ ponemos velos a oquedades turbias».

Las mujeres conciertan lo íntimo y lo universal: «posando/ sábanas sobre lechos/ sábanas sobre el cosmos «, Las mujeres son depositarias de la vida en todas sus manifestaciones: «Ya del todo sonámbulas/ portando caldo ardiente en soperas gigantescas». Mantenedoras de la esperanza: «Portamos/ un poquito de fuego/ que nunca se apagó» y que mantiene el contacto con lo sagrado y lo ancestral: «en gracia a los Penates/ con lamparillas sosegantes malvas». Todo este reino que la separa y la hace única en lo humano: «un pequeño sol en las esquinas/ turbias e inquietas/ en las ingles cósmicas/ donde se enciende el alma del varón». El misterio que la mujer sostiene como ser inquietante aparece en varios poemas. Tomemos, por ejemplo «Leyenda» del libro *Trance de la vigilia colmada* 73-74. El ambiente es de narración modernista o inquietante por lo lejano del tema y lo inmediato de la presentación: «¿La casa invisible?/ o es una de tantas/ camuflada y nadie/ sospecha el horror/ de su impenetrable/ lóbrego secreto». Es una casa aparentemente como las demás, pero no, «el tiempo concreto la pasó de largo/ la muerte concreta/ la pasó de largo» por esa misma razón el tiempo abstracto y la muerte abstracta moran en ella. Todas las noches alguien enciende candelabros se viste un «disfraz turquesa» un traje «de irisada cola de pavo real» De los dedos de este personaje salen «casi imperceptibles/ relámpagos mínimos». Es una mujer que «se sienta y espera». El misterio de lo oculto en lo femenino, lo inconsciente ha adquirido esta personificación. Lo racional, lo claro, lo que es simbólico la busca para aniquilarla, ha sentido su presencia siempre inquietante, «de locura precintada», quiere exterminarla: «sabemos que existe,/ estamos buscándola/ con hacha afilada». Es la cordura del tiempo medido y medible» «los Prometeos mezquinos» los que quieren decapitar a este tiempo, «un tiempo distinto/ un tiempo extasiado/ un tiempo escondido. «Es, en efecto, la mujer, esa mujer del tiempo sagrado y cíclico, esa mujer que no ha entrado en la historia, esa mujer, que como recuerda Luce Irigaray se ha pasado la vida a la puerta de un castillo kafkiano que nunca ha reconocido su presencia. La mujer y su misterio salvaguardia de la locura y de la muerte: «Beatífica locura precintada./ mimada, custodiada/ por benévola bruma, por espíritus».

Mujer que precinta a locura, que vive en un tiempo extasiado, que puede oir los gritos de los muertos que siente vibran en su sangre. Mujer unida al misterio, su potencia inexpresable sale por la pluma de Elena Andrés.

Los muertos ancestrales nunca mueren del todo. El poema VI de *Dos caminos* (23) presenta también esa visión de las mujeres fuera del tiempo, arrancadas de un cuadro de Picasso, de un friso griego, del mundo misterioso y oscuro, pero también lleno de la fortaleza, así las describe la voz poética: « Dos mujeres robustas , cuerpos densos,/ remaban ayer tarde en una barca,/ que pulsaba la plata del poniente». Vemos el movimiento de los remos, «levantaban los remos con dureza, se hacían añicos unos sauces altos» para el sujeto que contempla esas mujeres rollizas, vigorosas y silenciosas son «sendos planetas de carne pesada». Esas mujeres vistas ayer tarde, entrarán en el tiempo sin fronteras, en lo eterno, seguirán remando «esta noche y mañana, y hasta siempre».

En *Eterna vela* «Mujeres» (52-53) presenta este mismo tipo de mujeres, están al lado del agua bailan, son muchas, cien brazos «que se mueven en el aire/ como blancas serpientes». la danza sigue «su ritual/ de ancestral rito»las mujeres tienen sus cabellos que flotan «entre las nubes», son cabelleras «grises/ de plateada ceniza». La voz poética se une al baile de estas mujeres para las que la muerte tiene un sentido distinto, es cambio, no un fin, «Un hálito caliente/ flotó de los sepulcros» el tiempo se detiene.

En «Cuenca», de *Trance de la vigilia colmada* (51-54), la ciudad encantada expresa el mundo de lo materno, las formas no tienen nombre, pero aspiran a él, como en el útero, las formas están latentes, petrificadas y vivas a la vez. La poeta tiene la sensación de haber descendido a lo que podríamos imaginar como la etapa de gestación a nivel del universo: «Hubo un girar centrífugo/ hacia el ombligo viejo de la tierra». Las fantasmagóricas formas se despliegan: «Hay frisos en las rocas, gigantones, camellos y quimeras». El tiempo aún no existe, es un tiempo «virginal»: «Virginal tiempo muy alto, sin claves». Es un tiempo indefinido en el que los impulsos positivos y negativos pueden palparse indiferenciados: «Virginal tiempo que ulula vagando,/ que beatífico cruza cinta angélica». Cerca del agua aparece lo comprobable inquietante, el agua, con su poder alienante, tiene una mirada verde: «verdes ojos flotaban en el agua desasidos». En una ermita, al lado del río aparece una de estas mujeronas mitológicas alrededor de la cual se concentran las posibilidades, se concreta la vena negativa: «mas de pronto no admitimos a los ángesles/ salió la cuidadora de la muerte del cementerio aquel». La cuidadora es una «mujer ruda, mas no fea./ Sobre ella el miedo hizo crecer barba, / porque no lo sentía, por eso estaba/ el miedo ya hecho vello en sus mejillas». La mujer pertenece al mundo de la negatividad, de los impulsos hacia lo oscuro y la muerte que se ocultan en lo no articulado todavía por un esfuerzo simbólico. La regresión a estos orígenes del cuerpo es total, la poeta entra en el frenesí de lo oscuro: «Silbidos demoníacos se entreoían/ por las alcantarillas», en la noche se impone el aquelarre que arrastra a la voz poética, cediendo a este prenatal, incontrolado impulso negativo: «la aventura, la de las llamas negras,/ pugnaba por salir». El viaje hacia adentro llega a los más oscuros e inexplorados rincones del inconsciente, allí donde se fragua el miedo y la muerte, y sale arrastrando al sujeto con su cuerpo por delante: «Mágica libertad que a veces siento/ y que danzo a los perros de la luna./ Y no ya el cuerpo, sino el ser desnudo./ deshonesto: total».

Esta incursión a lo pre-edípico, oculto en las tendencias negativa de lo que aún no es un ser, que Kristeva denomina la chora [36] está muy presente en la obra de Elena Andrés desde el principio, se observa por

---

[36] Término sacado del *Timeo* de PLATÓN, para expresar la sustancia semiótica que subyace a toda actividad y es anterior al ser. Cf. JULIA KRISTEVA. *Revolution in Poetic Language*, 23 y sgts.

ejemplo en el breve poema «Porque de tanto retorcer los brazos» en el que esos impulsos negativos salen de cuerpo del sujeto: «se ha escapado el demonio por mi boca». La presencia del miedo, lo interior que salta afuera para amenazar, aparece aquí como pura expresión de terror: «Y ahora me mira desde las esquinas/ Y lo presiento en todos los rincones». El miedo que se entierra en el cuerpo femenino, en el cuerpo, en verdad de la madre, no se expresa aquí por medio de esas mujeres, míticas que aparecen en obras posteriores y que acabamos de observar, se encierra y se encarna en el cuerpo de la propia poeta, también mujer.

3. LO AUTOBIOGRÁFICO Y EL AMOR

Siguiendo con el aspecto de la expresión poética como perteneciente a un sujeto femenino, nos preguntamos también por la incidencia de lo particular, específicamente autobiográfico, o mejor, de la pertinencia de lo particular como mujer en una voz que es a la vez tan universal en sus alcances. En las «Notas de autoanálisis» que aparecen al final de *Paisajes conjurados*, Elena Andrés se refiere a lo que ella llama poemas confesionales, en el sentido de que tienen su inspiración directa en episodios acaecidos y los califica de «vivencias densas en situación clave». No podríamos decir que en modo alguno se trata de construcciones autobiográficas sino que de manera medio escondida e inconsciente, puede darnos alguna idea sobre los elementos femeninos que saltan automáticamente de la propia biografía como mujer. En sus propias palabras la significación de algunos poemas «poseen asociaciones con el entorno muy hondas, originarias, en clave, a veces, del subconsciente» (89).

Más arriba, al trazar un breve esquema biográfico, que podría calificarse de autobiográfico al ser provistos los datos exclusivamente por la poeta, se observa cómo esos datos se centran con frecuencia, o podrían centrarse, en momentos esenciales o estelares de su formación, momentos epifánicos, en cuanto que marcan una revelación. Ciertamente hay rasgos en la poesía de Elena Andrés que podrían enraizarse en este tipo de momentos que expresan un sustrato profundo que pueden explicar toda una actitud espiritual y física. El apego a la madre y su intensa convivencia, su largo periodo de lactancia, la guerra y la desaparición de la hermana y el padre, pueden haberse unido a su innato genio poético para reforzarlo en un sentido que hace de su poesía un caso único de reflexión sobre lo más profundo y oscuro del ser humano. Dice Leigh Gilmore en su estudio sobre las características de lo autobiográfico en relación con la mujer, que este aspecto aparece de manera velada, como fondo en construcciones que no tienen carácter autobiográfico, ya que las mujeres tienden a verter señas de su propia identidad de manera menos reguladas que la de los hombres [37]. Según Gertrude Stein la autobiografía tiende a reunir los fragmentarios e interrumpidos discursos de identidad [38]. En el caso de la poesía de Elena Andrés, podríamos decir que esos momentos fragmentarios son los únicos que cuentan y son los que proveen una gran parte de la fuerza con la que se construye la poesía, dotándolos de una identidad subterránea y profundamente verdadera.

Así hay aspectos de esos episodios vitales que dejan un poso constatable en algunos tipos de poemas, la ciudad destruida y los bombardeos de la guerra en «Ciudad ya en paz y sus ruinas», *Desde aquí mis señales* (37-42), con recuerdos concretos «Os evoco hondamente, existencias segadas»; una carga implacable que llevará siempre «Un secreto telúrico». «¿Dónde los horizontes/ sin eco de metralla?/ ¿Dónde dejaros va-

---

[37] LEIGH GILMORE, *Autobiographics. A Feminist Theory of Women's Self-Representation* (Itahaca and London: Cornell University Press, 1994): 16-17 .

[38] «... autobiography wraps up the interrupted and fragmentary discourses of identity (those stories we tell ourselves and are told, which hold us together as persons) and presents them as persons themselves». *Ibid.*

gos recuerdos sombras rotas?». Las nubes como revelación en «Recuerdas nebulosas» también en *Desde aquí mis señales* (121-123), vuelve los ojos a su primera revelación de las nubes que son una presencia constante en su obras; la visita a Santa Teresa de la mano de su madre, en «Tu imagen de repente» en *Paisajes Conjurados* (12-13), una transmisión de aliento poético y un bautismo; muerte oculta entre la belleza natural, la contemplación de la niebla; una primera clase con Rafael Lapesa «El gesto» (14-15); la primera visita a Vicente Aleixandre «A Vicente Aleixandre» (24-26); un encuentro con Blas de Otero en «Aquel hombre» (21-23), todas ellas en *Paisajes conjurados*.

En *Desde aquí mis señales* el poema «Primer recuerdo» (83-85) tiene precisamente el carácter explicitamente autobiográfico que le presta el título pero al mismo tiempo trata de lo que de universal y eterno porta el sujeto poético. Realmente presenta un nacimiento entre las aguas, un tipo de bautismo ocurrido en sencillo un baño de niña, un momento en el tiempo que proyecta la eternidad: «Cabalgaban por soles unas sombras/ como caballos de cartón y viento;/ mientras lenta, simplísima, se derramaba el agua por mi espalda». En ese momento surge por primera vez «la consciencia/ de la propia energía» y esa energía que viene a poseerla contrasta con su apariencia como persona, «viento de hierro y savia de planeta/ tensaba el pecho en un respirar único/ (ballesta viva que contempla un monte)», ese pecho-ballesta es el de una niñita, «apenas cinco años». El tiempo, la edad no cuenta: «Las yemas de los dedos/ pulsaban piedras: se tornaban carnes/ de una maternidad de sortilegio». El recinto que penetra esa asombrosa consciencia son «crestas gigantes de rocas en vilo», son «vuelos» son formas mudas en siluetas de nubes desflecadas» es penetrar «por mis edenes quietos y tan hondos/ que no son casi míos». Esta conciencia le da entrada a lo universal en ese momento en el que el propio tiempo parece abolirse, porque es el mismo tiempo de ahora, este sujeto no ha cambiado, simplemente esa gracia nació y se posesionó de ella. La poeta se contempla ahora y siente la unión y la extrañeza, como entonces la sintiera: «Sin edad y sin tiempo, como entonces,/ cuando el agua con sol la derramaban sobre mí». Entre el aquel entonces del nacimiento y el ahora, del recuerdo, un tiempo inasible: «Pero mucho pasó/ pero nada pasó./ Pero todo pasó, pasará todo». Ahora la poeta recuerda ese nacimiento cuya distancia apenas puede medir, es la misma y no es la misma, vuelve a verse ahora al mirarse en el espejo, volviendo a nacer: «flotando entre las aguas del reflejo» y no se reconoce: «medallón gris de mi rostro más mío/ desprendido de mí desde el principio». No es la disgregación del yo de la que hemos tratado más arriba, es más bien la potenciación, la lucidez avasalladora que la posee; ese rostro al que increpa: «Me observas, me vigilas casi hipnótico;/ me acechas desde todas las esquinas,/ desde la luz total, desde las sombras». Ese rostro el rostro eterno de la mujer poeta «flotando en otro aire/ ... trasmundo de la esencia», le es propio y no le es propio, la representa individualmente y no, «Sólo a veces encaja en mis mejillas». La poeta es un aspecto viviente de lo universal.

Los aspectos que no son propiamente autobiogáficos pero que están enraizados en el deseo, o en términos lacanianos, la aspiración hacia lo otro o la verdad íntima e inalcanzable, aparece entonces en toda producción poética y esto es bien comprobable en el caso de Elena Andrés. María Zambrano caracteriza la poesía, en contraste con la filosofía, precisamente con esta integración en lo universal, mientras el filósofo se busca a sí mismo, emprende una carrera hacia adelante, «parte despegándose en busca de su ser» el poeta regresa al origen «parte, pero es hacia atrás; se deshace, se desvive, se reintegra cuanto puede, a la niebla de donde saliera» [39]. En *La revolución del lenguaje poético* Julia Kristeva dice que el arte reproduce la

[39] MARÍA ZAMBRANO (1939), *Filosofía y poesía* (México, Madrid, Buenos Aires: Fondo de Cultura Económica, 1987): 106.

filiacion natural y que el artista es su propio padre, madre e hijo. En la obra de arte aparecen todos los procesos, el del inconsciente y todo el tumulto, incluso la etapa del espejo con su ansia de serenidad, el de la etapa pre-edipica que se refiere a la madre: la aparicion del edipo, la inserción en la lengua y la castración, que es el padre; el cuerpo a cuerpo con la palabra que es el hijo o la obra de arte. Pero es esencialmente lo maternal en lo imaginario que empuja la obra de arte a su ser: «Lo imaginario de la obra de arte que es realmente la imitación más extraordinaria y más inquietante de la dependencia madre-hijo» [40].

Hay por doquier un amor y sobre todo un aliento universal, que muchas veces tiene el carácter expresamente maternal como mujer. Tal se ve de manera incipiente en el poema que se ha observado más arriba «Primer recuerdo». La expresión del sujeto en la poesía de Elena Andrés como madre y como hija se puede ver varios poemas. El amor maternal aparece en *Dos caminos* «Al hijo que no tengo» (28-29), en el que el interlocutor es un «tú» difícil de descifrar, ¿se trata de la poeta o del hijo al que se refiere en el título? De hecho el hijo está dentro de ella y en cierto modo es ella misma, aunque en forma de carencia o ausencia, más por ello deseado; es el deseo, lo intuido pero no visto. En «el aire errante» se arrastra la voz de los muertos, «Te asusta la voz de los muertos» ese aire existe «tiene mirada, pasa». En el ámbito acompañan (¿y asustan?) las voces que realmente existen. Pero hay otras voces «huecas siluetas donde la luz sueña;/ vacantes huellas, no se llenan nunca». Esos fantasmas «de una pureza impasible» que aterra pueden llegar a confundirse con las voces de los muertos «todo se confunde» pero el hijo que no existe acude al regazo materno para no tener miedo: «Ven, no te asustes, fúndete en mi pecho». El niño dibuja un muñeco «con

---

[40] «The imaginary of the work of art, that is really the most extraordinary and the most unsettling imitation of the mother-child dependence» *Revolution*, 67.

mi mano breve» y a través del recorte de ese dibujo en el papel en blanco la poeta mirará al cielo para ver esa forma que continuamente se llena en su cuerpo «palpítame, dentro muy dentro». El niño que no existe, existe, vive en ella «tu ausencia ... canta en mi sangre». Hijo y poema conviven en su cuerpo de mujer poeta.

El otro poema que se refiere a este tema aparece en *Paisajes conjurados*, «Al Arlequín de Picasso» (16-17). El arlequín y toda la cascada de sentimientos expresados en el conmovedor análisis de la figura que realiza la voz poética, remueve en ella un sentimiento único en toda la poesía de esta mujer, el grado de ternura por otro ser que sólo admite expresión en la maternidad, en el vínculo indestructible de la madre con su hijo. Así toda la acumulación de sentimientos, que la amorosa voz poética descifra en la pintura, va almacenándose en un grado muy cercano al paroxismo que no es otro que el reconocimiento del hijo imposible.

Los aspectos que la cautivan se van configurando visualmente en la descripción de la figura. Los colores azules son uno de los elementos de la seducción porque todos ellos llevan una amplia carga emotiva que acumula al mismo tiempo lo positivo y lo negativo: «La ternura de carne azul», «aureola malva de tristeza tierna», «el desamparo añil», «la estrella plativerde», «la brisa violácea y tactil de la compasión». El denominador común de esta carga emotiva, es, en efecto el desamparo y la ternura que su contemplación despierta. A los colores, sigue el dibujo, y la voz poética va desentrañando el sentimiento que se esconde debajo de cada trazo: el arlequín está inmóvil en un impulso truncado a un movimiento, que nunca se realizará. Es el impulso y la impotencia reflejados en la figura que va descifrando la voz de Elena Andrés: «la estrella se diluye, mientras, alguien/ se queda inmóvil/ para siempre inmóvil con gesto congelado», «se le heló el gesto: mira al absoluto». Pero el impulso, la resistencia, y finalmente el desamparo y la timidez aparecen desde el principio en el rostro del arlequín, en sus ojos: «dos gotas del Vacío,/ concretas, implorantes», se manifiesta también en los brazos y en las manos. «Forman ángulo obtuso sus dos brazos. Planas las manos sosas, una al viento/ deja flotar maciza, mansa, mansa / y la otra cae entera», los dedos de la figura completan ese lamento silencioso «torpe recoge/ con el denso pulgar la Indecisión,/ que es un bonete pardo, casi negro». Los ojos de la poeta vuelven al rostro, a sus facciones: «En su boca se anida en suave trazo/ la tristeza soñada/ en un extraño lance de previda», para ahondar en la inocencia de la figura: «¡Ay su rostro alargado/ sin máscara ni arranque, sólo una bondad-pena». En este momento aparece el grito conmovedor de la mujer que contempla ese vencimiento y que, transida, lanza el gemido de una madre: «Arlequín, hijo mío, hijo mío el más querido». Precisamente la poeta descubre en esta imagen la confirmación de sus temores, no es sólo su hijo, también personifica las razones por las que ella, la persona Elena Andrés no ha querido nunca tener hijos, «El que no quise yo jamás tener». Podríamos decir que en cierto modo la pintura de Picasso asalta a la mujer y le trae una imagen interior que ella hasta ahora no había visto representada gráficamente: el terror a traer al mundo un ser condenado al fracaso, al sufrimiento y a la muerte. Al hacerlo, al elegir hacerlo, está cerrando la existencia a un ser humano, que de todas formas va a aparecer inexorablemente ante sus ojos y su corazón en esta pintura de Picasso: «Detrás de las cortinas de Infinito/ te adivino y te quiero./ No sabes tú bien con qué coraje/ te quiero, con qué brío». El fantasma del hijo no tenido se hace ahora «carne azul» y la encarnación sumariza, por así decirlo, todas las horas de ansiedad maternal hasta ahora pasadas. Se le ha aparecido su hijo ése que «En alguna alta noche de elegida/ rajo en vislumbres el techo, que oprime / de gravedad telúrica / mi pecho y te entreveo». Todo hasta ahora ha sido angustiado espionaje «mis ojos llameantes/ pegados a sutiles cerraduras/ de puertas-cielos .../A veces logro verte».

En línea parecida figura el poema dedicado a la ausencia de su madre «En memoria» también de *Paisajes conjurados* (31-32). Se describe una trayectoria final de la madre, ya vencida, y sufriente, sin peso y sin suelo: «Perdida tropezaba .../ y eran masas vidriosas/ no era tierra», el vencimiento: «Claudicado ya el lastre/ de lo grávido», la desintegración «La decrépita figura», el desgarro «caía, caía», el silencio «Me dijo... « la muerte: «Y después ¡qué vidrioso! « y la herencia de dolor: «Y desde entonces sobre mis espaldas/ una mochila llevo eternamente/ de algo que no conozco». La poeta, con ese peso y sobre todo, con esa soledad y esa sabiduría, pasa a ocupar su puesto de vigía, que ya apareció desde los primeros poemas, ese puesto aisado de oráculo testigo: «Desde el punto de mira/de mi roca asignada/ soy vértice, serena, firme vigía en la cresta/ de la altura contemplo». El testimonio que da es de dolor «Veo granizar ahora/ granizo de las penas/ Las penas caen sobre los campos ávidos». Pero hay un resquicio contra esa lluvia congelada, contra esas penas, que viene precisamente de la protección de la que antes tanto sufrió: «tú desvías el granizo de mi sueño» esta protección se da en la noche, como ya se ha visto, en la alcoba de la poeta, en las «noches telúricas» en las que las que «en el techo de mi alcoba forjas/ agujerito azul: un cielo virgen, justo sobre mi cama, en mi cabeza, para que un rayo inédito del cenit/ se filtre en mí». La madre es, así pues, tanto la que confiere sabiduría como otro escudo contra el terror y el desamparo en este inventario de vida y muerte que es la poesía de Elena Andrés.

El amor erótico también tiene espacio en la poesía de esta mujer. Un ejemplo del amor perdido se ve en el poema «Monólogo en el recuerdo» en *Desde aquí mis señales* (103-104) al que ya se ha hecho alusión más arriba al tratar de la mirada. Es, en efecto, un monólogo con dos interlocutores en segunda persona de singular, un tú que es el amante ausente y un tú que es la propia voz poética. La mujer renuncia al frío del entorno y del presente y animada por el recuerdo que le trae «por la veredas de antaño el olmo místico» renuncia a considerar la pérdida: «Pero no, no has querido sacar la oscuridad de tus cimientos» para evocar el amor: «Sacas de ti, del fondo, ya atardece, / tu plácido recuerdo que germina:/ torso arrogante, adolescente niebla;/ potencia y rebelión, un vibrar cálido;/ encuentros sublimados que estremecen». Es el encuentro enamorado entre un hombre y una mujer. La niebla en belleza compartida, el estremecimiento dan la medida de estas vibraciones humanas, la belleza y la mirada recíproca el gran puente: «Aquellos bellos hombros [...]/ Honda mirada, querías descifrarme./ Ardiente ráfaga, viril luz que acucia,/ que me acuciaba en éxtasis latiendo». El amor se evoca en la pérdida, mas la vida renace con el recuerdo: «pero en tus manos hay algo que florece».

En *Desde aquí mis señales* el poema «Raíces ancestrales» (179-181) tiene también un tema amoroso reflejado en un amor perdido en el tiempo: «cuando contemplo de lejos tu nombre», y recuperado ardientemente por «una zancada inmensa» de la memoria en un salto atrás: El amante se metamorfosea de árbol a hombre, «las manos de Dios/ señalaron a un árbol y Él pensaba»... el hombre surge del árbol, «cómplice del vientre madre de la tierra», y es pura paz: «Silencio, calma, luz, humano árbol/ crecido en el conjuro de agua inmóvil pura de eternidad». Es un Edén «con peces-hojas que sueñan esplendidas/ transformaciones de estrellas acuáticas». Es un poema amoroso y sensual pero expresado en un nivel sin fronteras humanas; el hombre proveniente del árbol se siente «silencioso, libre, solo; desprendido, sin tiempo» y por ese sendero de la soledad «varón ensimismado» entra en comunión silenciosa con la voz poética: «has penetrado/ por una calma en vilo,/ que soy yo, que no soy/ más que ensueños de orígenes/ y paisajes ocultos». la unión se disuelve en la niebla: «Y te siento, y la niebla/ te besa las mejillas;/ y te pierdes, te pierdes/ entre mi bruma viva», esa unión impalpable llega a un paroxismo erótico que sólo el recuerdo suscita en la poeta: «Raí-

ces de agua, soy agua./ Raíces de agua, amorosa/ hembra de agua y génesis».
La «Carta lirica a R.B», también en *Desde aquí mis señales* (185-187), presenta otra faceta del amor, en este caso la voz poética increpa al amado herido: «No quiero esa sonrisa/ angélica de fuga/ sin fracaso y sin huellas/ prefiero las batallas». En el enfrentamiento con el dolor, la amada, herida por el sufrimiento del amado, asume la guerra y la rebelión para salvarlo. La voz poética se torna mesiánica, redentora: «El dolor, savia negra,/me ha germinado: fuerza». La resistencia de la poeta vaga errante «como un borracho esclavo/ de Pan, recio en el aire,/ me paseo por la tierra/ con tu dolor enjuto. / Un esclavo borracho/ de inquietud y de tierra./ Mas siente que es esclavo/ y hay paisajes en llamas de destrucción satánica». De esta energía vindicante y amenazadora, surge la esperanza, «Ven, regresa, regresa». «Hay sitio para todos». La salvación es posible merced a la concentrada determinación de prevalecer: «Hace viento y yo clavo/ mi espinazo de sombras con dignidad». Esa voluntad puede convertir a la amante acosada en feroz defensora, «y el sol brilla en mis dientes. Y hasta sé que más tarde/ habrá el presentimiento/ de una fiera incendiada».

4. LO ANCESTRAL Y LA MUERTE

Julia Kristeva ha caracterizado el tiempo de las mujeres como cíclico, monumental y catastrófico, a diferencia del tiempo del hombre que es linear, histórico y teleológico. La lengua, considerada como una secuencia de palabras también suele asociarse con el tiempo del hombre [41]. La voz universal que aquí hemos visto perfilarse en voz de mujer, expresa aspectos profundos de lo misterioso y difuso enterrado en el

---

[41] «Time is catastrophic and cyclical. The time of history is linear, time as a project, teleology, departure, progression, arrival. This linear time is also that of language considered as a sequence of words». J. KRISTEVA, «Women's time» in TORIL MOI, *The Kristeva's Reader* (New York: Columbia University Press, 1986), 187.

cuerpo; la exploración de lo que en sus honduras se encierra, se realiza no sólo como sibila sino como mujer. En ella resuena, lo ancestral y lo mágico, la locura y la muerte. El camino que une a la vida y la muerte, la familia, los penates y los muertos son áncoras que se agarran al cuerpo de la mujer. La muerte incrustada en la vida, en forma de antepasados que siguen presentes en la genealogía y las generaciones futuras, es parte de esta poesía.

Una muestra es «A los que vendrán» de *Desde aquí mis señales* (189-190), poema dedicado a su bisabuelo Enrique Hernández. En él los muertos y los futuros seres humanos se identifican: «os evoco a vosotros, los posibles,/ que llegaréis, humanos, no sé cuándo;/ tal vez sólo regresos infinitos». Como a prometeos eternos «buitres de amor y odio/ os despedazarán». La muerte ya no es posible, no habrá fin ni principio, en el rodar del tiempo los humanos se confunden: «Imposible la paz ya tal vez sea/ después de la llegada. Ni la muerte». Esta poesía, vidente y solidaria puede establecer al menos un efímero contacto: «no os veo, mas mi mano os hace señas./ A vosotros, oh puntos potentísimos/ vibrando por el aire».

Más concretamente pueden aparecer las resurrecciones de los antepasados en el propio cuerpo de la poeta, tal como se observa en el poema «XXII» de *Eterna vela* (51). En un ambiente machadiano «Una vieja muralla se extasía en los caminos/ entre silencios claros de luces plateadas». La ciudad muerta, con sus «mansas habitaciones huecas», en la que el viento que es aquí uno con la voz poética, ya que ella puede interpretarlo «palpa las ausencias de casas extinguidas/ como un perro perdido hace ya mucho tiempo». Ese acto de recuerdo amoroso tiene inmediatas resonancias en el cuerpo de la poeta: «Pero alguien se está haciendo en mi sangre, de pronto/ alguien golpea mi espalda desde dentro me llama»; y la solidaridad, la comunión aparece en forma de mano que ya no es suya: «y una mano confusa se crece con la mía/ con empeños que crujen como un resucitado».

La genealogía y la muerte forman una cadena ya que en muchas ocasiones los muertos no son muertos del todo y están, en cambio, en el límite de la existencia. La muerte, entonces, unida a la sangre, e inserta en ella, tiene un misterio que la comunica con la vida. En ese continuo de tiempo la muerte tiene un valor más bien accidental entre uno y otro de ese continuo unido por la sangre e incluso por el semen. Los fluidos del cuerpo y el tirón del inconsciente revelados por medio de esta creación que tiene como soporte inevitable el único vehículo para este camino, las metáforas de estirpe surrealista.

A veces lo vivo y lo muerto están tan entreverados que no se distinguen. También la lengua está entreverada nos domina o la dominamos. ¿habla la lengua a través de nosotros o hablamos nosotros a través de la lengua? Esta vida y esta muerte, siempre agarrada a los orígenes que están más allá de la entrada en lo comprobable, pero que viven en lo que bien recibe el nombre de pre-sentimiento, ocupa lugar privilegiado en la poesía de Elena Andrés. Esa unión se ve en estos versos del poema XXIV de *Dos caminos* (62-63), en el que dentro del cuerpo de la propia poeta encarna otra persona, un hombre: «Es otro hombre que llega./ que se estaba forjando/ en nuestro pozo oculto» el sujeto se hace así universal y múltiple e indefinible: «llevamos diluidos/ tantos hombres ocultos/ en la sangre que duermen./ Llevamos tantas sombras mezcladas a la nuestra» Hay también una nivelación entre el vivo y el muerto que la poeta trata de explicar como subyacente, tal como se ve en «Mediodía inhóspito» de *Dos caminos* (67-69). La razón o el origen de esta mezcla «más bien es la otra cara de aquel sueño diario/ donde todo se mezcla y se atempera» por eso la visión fantasmal adopta todos los visos de lo conocido: «Si esa momia del nicho de repente se irguiera/ no se habrían sorprendido mis manos ni mis ojos./ Ya igualados,/ mástiles verticales,/ en la luz disecada y el silencio».

De carácter más general e inclusivo la conjunción interminable de los tiempos en la voz poética, se observa en «Un presente sin sueño», de *Dos caminos* (49-51). La poeta siente un peso compartido de los tiempos pasados: «tantos siglos encima/ nos dejaron residuos,/ cansancios exquisitos». Ella puede convocar ese tiempo ya ido que se esconde en su ser: «Al conjurarlo viene:/ por las venas regresan/ impulsos como rayos;/ ... /heredadas potencias,/ empeños ancestrales». Esta fuerza de conjuro realizada por la poeta para vencer a la inercia tiene también una prospección en el tiempo, puede hermanarse con generaciones futuras: «hermanos tan distantes. Tan por nacer, hermanos» y llegar hasta poder vislumbrar partes de esos cuerpos, a oír ecos de sus voces: «rostros que articulan los labios/ con palabras posibles/ que no nos dirán nunca». El tiempo es un continuo que sólo voces como la suya, que se sale del tiempo histórico puede percibir «océanos de encuentros imposibles», «inmensa bola,/ continuidad sin pausa»... De hecho la fuerza de ese tiempo pasado es tal que mantiene un difícil equilibrio con el poder «de un presente sin sueños». De hecho el tiempo pasado y más, sus personas concretas asaltan el presente: «venís, rotundos en posibilidades/ por océanos de tiempo/ ... / entre el mágico semen/ hacia esto tan concreto».

En su estudio el lenguaje poético, al explicar el funcionamiento de la χωρα, *chora*, Kristeva explica los primeros indicios de la negatividad, la victoria de los impulsos de muerte, arrestos, sobre los impulsos de vida [42]. De la negatividad salva el cuerpo de la madre que vale para articular lo semiótico y lo simbólico. Este tipo de articulación, que implica a los impulsos negativos y la muerte es también eminentemente observable en esta voz poética de mujer que conecta no sólo con los antepasados y con los seres futuros sino con la muerte en sus muchas faces, empezando con la propia muerte e imaginada posterioridad, tal como se ve en el poema «No es hora de decir» de *Desde aquí mis señales* (99-100). Son precisamente los muertos que ella

---

[42] Cf. *Revolution of Poetic Language*: 25-30.

siente los que le dan esta potencia: «Luz de muertos soñados». Con ellos se sitúa fuera del tiempo histórico: «Sí, como un muerto ahora puedo amar/ sin que se hagan arena las palabras»... y puede contemplar su propio futuro recuerdo, ella es su propio recuerdo: «Soy el recuerdo/ (tan prematuramente vislumbrado) de Mí sobre el espacio». «Soy el recuerdo único vivido/ que quedará de mí/ sobre el aire»...

Así pues, la muerte en su articulación profunda no es dura, no es ni siquiera muerte, es un sueño, el vacío, así se ven en el poema XXI de *Eterna vela*: la muerte (47-48). La poeta evoca a la muerte en una «hora vacía» en la que se inscribe «una muerte sin grito,/ sin adiós y sin cuerpo». Más bien se trata de un río de luz, aunque sea mortal: «Un Leteo de luz blanca/ resbala mansamente/ por las paredes tibias/ de esta mañana». La muerte es «más sencilla./ más lógica y más pura». Una voz incluyente se siente arrullada y propicia a entrar en ese reposo: «y nos va amortajando/ con un traje de sueño». En «Improptu» poema de *Desde aquí mis señales* (105) se podría leer que muerte en sí no es el dolor y el sufrimiento: «sobre este río flotó la dulce Ofelia» o la locura: «sobre este río se ahogara la locura». Muerte sería la nada, y a esta nada la representa el agua «agua, ay, tan sólo agua».

En *Trance de la vigilia colmada* la poeta hace una reflexión sobre su propia poesía, su visión de la vida y de lo humano en el poema «Quizá mi verdad sea» (13-15). Casi podría decirse que en estos versos se recoge lo inmediato del momento político en el que fueron escritos. Mas lo cierto es que el poema se levanta por encima de lo anecdótico para presentar, lo esencial; todo lo que es poesía. Las reflexiones surgen en el ambiente abierto y conectado que es el amanecer, «Cuando ya parecía que la lava del todo había cubierto/ lo que quedó, que no fue mi silencio». Así queda su palabra, y en esta palabra se encierra su verdad «y la verdad de muchos». Su verdad «y la verdad de muchos» es resistir a los mezquinos: «tropezamos con obstáculos absurdos,/ veleidosos y estúpidos», a los rencores «nos hicieron caer, nos enterraron/ con polvo de una nieve sucia y triste». Su verdad es precisamente esquivar «el hastío de antiguas muertes» y afirmar la muerte verdadera, la que vale para unir y para pervivir: «Emerger de las ruinas/ de intervalo a intervalo/ de tiempo, vislumbrando un gran tiempo total». Un tiempo que no cuenta en los relojes de aquellas muertes antiguas, «vuelvo a un tiempo sin fechas; se les caen las manillas a todos los relojes». En ese tiempo se realiza el encuentro entre lo sensorial y lo oculto, niebla, sangre, vino, se confunden, «Venga un vaso de niebla/ espectral, venga un vaso/ de sangre como vino,/ de vino como sangre!» los amigos vivos y muertos se confunden, la muerte y la vida se mezclan: «Ya todos solidarios!/ Mis amigos los vivos,/ mis amigos los muertos. No hay fronteras entre la muerte y la vida: Muertos y vivos./ Muertos y semivivos. vivos y semimuertos,/ vivos y vivos». Todos viven.

La continuidad de los vivos con los muertos se ejemplifica en la genealogía pero puede también aparecer en la capacidad de percepción de lo que estando vivo, ya pertenece a la muerte. En estos casos la muerte es realmente muerte, caída en el vacio, desparecer. Esta aspecto se ve con frecuencia en *Eterna vela*. Como ejemplo podemos observar «Los desganados» (28). La voz poética los llama amigos, son aspectos de los seres que quizá sólo ella pueda identificar y nombrar; amigos son «los borrachos grises/ de indiferencia inerte, que han bebido/ en la sombra jarabes de ceniza». son los que «fecundan» a la diosa del bostezo «que tiene el vientre de polvo de lana». Esos amigos son los que en el borde de la existencia: «Ya mañana,/ cuando el ángel del día me pregunte/ qué fue de mis amigos esta noche,/ le diré al punto: fueron desnacidos». Los que mueren, no mueren en realidad es que nunca vivieron, no existe y «se borran», caso que se repite en otros poemas. En la filosofía de Elena Andrés lo que no tiene fuerza profunda, esencia, no existe, en realidad.

Hay también la posibilidad de auténtica muerte. Como se ve en «A Juan Ramón Jiménez» de *Paisajes conjurados* (18-21) la única muerte es la mecánica, la que pertenece de lleno a un mundo sin misterio, pretendidamente seguro de sí mismo y dictaminador. Pero ese tiempo es el que la poeta llama el del mero «estar' en el sentido de Heidegger, un tiempo de cartón: «La sombra incrustada en costras de estares,/ sin ser casi seres, sin simbiósis mágica/ .. / caen decapitados hombres de cartón/ y sangre que cubren los suelos más grises». La existencia que no se aproxima al sentir humano del que únicamente la poesía (que también puede denunciar un mundo oscuro sin esencia, sólo el estar, sólo la existencia) puede dar testimonio.

La muerte, presentada en sus múltiples facetas profundas y misteriosas por esta voz de sabiduría, se engarza a la vida; nada de lo que verdaderamente ha vivido, muere del todo. Lo materno todo lo conserva en su seno inconmesurable.

5. DE LA SANGRE

Un verso de «Audaz introspección» en *Desde aquí mis señales*, puede compendiar prácticamente toda la poesía que ahora comentamos, el verso dice: «Muchas veces me cuesta poner dogma a mi sangre», y ciertamente lo que puede significar dogma y lo que puede significar sangre y el esfuerzo que los une, no es sólo la obra de Elena Andrés, es una incursión implacable y absorbente en lo que constituye la totalidad del sujeto humano. Por un lado el momento de la escritura de este poema, de exacerbamiento político de partidos tomados, de una radicalización que se expresó en el llamado social-realismo de los años sesenta, merece una respuesta por parte de Elena Andrés que se arraiga en la solidaridad y no en el dogma político; en lo humano abierto y no en lo radical dogmático. Por otro lado, profundizando más nuestro análisis y en el plano de la configuración humana, tal como en el presente estudio se viene planteando, la oposición cobra incluso más fuerza. La sangre es, con toda probabilidad, el significante más escurridizo y más abierto, el que se acerca al cuerpo y a lo semiótico, a la *chora*, a la madre, a la vida y a la muerte; es lo que realmente el cuerpo de la mujer y el cuerpo de la madre expresan como oscuro misterio. Dogma, es la plena certidumbre, el dominio de la palabra como presencia, la claridad, la unión indisoluble de significante y significado, el ámbito de lo simbólico. La batalla está a la vista en este texto poético.

La sangre, efectivamente es otro de los temas que subyace en un número notable de poemas. En *El buscador* se inicia el rastreo en este territorio virgen de los humanos. Cuando en el poema «¿Dónde está?» (15) la poeta se pregunta por la fuente de la inquietud humana «el fetiche/ que clama nuestro corazón», la respuesta aproximada pero repetida de la voz poética es «un poco más allá de la sangre» y va desde las entrañas del cuerpo «¿en el hígado?/ ¿quizá en los huesos?» a las entrañas de la tierra: «Es una calcinación/ más rara que la lava». También en *El buscador* en el poema comentado más arriba «Carnaval» la poeta se contempla lo esencial, más allá de los disfraces, «como una estrella de sangre y mirada». Igual que en el poema «A mi adolescencia» de *Trance de la vigila colmada*, esa conjunción de dos mundos opuestos, pero contiguos, sólo puede realizarla la palabra poética que pone en relación sangre y mirada.

Entre los significados posibles de sangre figura el de sacrificio, en particular en su asociación con el vino, o en el significado posible de que el vino y la sangre sean una misma cosa. La sangre representa el sacrificio y lo sagrado, es el momento de la teologización de la unión de lo semiótico que pudiera en este sentido, relacionarse con la naturaleza, y lo simbólico y relecionarlo con la cultura. Según se ha venido reflexionando en este análisis, el momento de instauración del individuo, en el que el orden de lo semiótico y el orden simbólico comienzan a encontrarse aparece en el momento que Kristeva llama «lo tésico», que según la etimología de la palabra griega, tesis indicaría la acción de ordenar o colocar. El paso de la sangre al vino o viceversa, puede así pues, señalar esta unión entre el cuerpo y lo simbólico o construido por el ser humano es decir social , con raíces en lo teológico y lo sagrado. Este tratamiento, ya se ha observado al tratar el tema de la muerte sin fronteras con la vida. Así en «Quizá mi verdad sea» (*Trance de la vigilia colmada* , 13-15) se expresa esta contigüidad entre las imágenes de sangre y vino como relacionadas en el ámbito de la solidaridad, la creación y de la vida: «Bebo un vaso de vino como sangre,/ o sangre como vino,/ con los trabajadores de mis días./ Hablamos y las venas se nos hinchan,/ late la sien, se enciende/ actual corazón, máquina urgente».

El parentesco del vino, como fe y cultura confundido con la sangre se ve en el poema «Recuerdo» de *Eterna vela*. La poeta reconoce el error, «Entonces, ¿tú recuerdas?/ creíamos que la sangre/ era vino caliente» era la época más ingenua de la juventud «(cuando aquel viejo abrigo/ era recién comprado)» en otra época cuando «nos crecían siempre/ lapiceros con punta/ entre nuestros cabellos» Ahora, en cambio, aquel vino se ha convertido en rumores del pasado, en «un juego de muñecos de vino». En la soledad del presente quizá quede sólo la sangre, y de ahí la locura; la poeta avanza: «ya sólo hay mares huecos; los vigila una gris/ medusa de locura».

En cambio el vino y la sangre se reunen en el poema XIV de este mismo libro (31-32), para producir vida. En un panorama estéril «un vacío impenetrable,/ un vegetar ausente/ en la carne dormida» pregunta la poeta: «¿No habéis sentido, amigos,/ esta especie de angustia/ de ausencia de la sangre?» Es el retorno a la sangre convertida en vino lo que revitaliza: «Surge entonces vibrante/ el escueto silencio,/y todo el ser rechina/ borracho en una cárcel». Este es el momento de la creación artística: «Es el momento, amigos,/ en que el hierro modela/ martillos y a hachas rojas/ en nuestra frentes vírgenes». En *Dos caminos* el poema del mismo título (55-57) es una magnífica incursión en esta fase de conexión de los dos dominios. Y la exploración se realiza, en efecto penetrando en el propio cuerpo y en el propio ser: «Muchas veces los ojos se han metido/ hacia dentro» y allí han encontrado sólo desolación y horror, «unas aguas locas,/ como mares sin margen, subterráneos». La poeta tiene el presentimiento de asfixia «hervir por los cauces oscuros,/ y el sentir de mis bocas/ palpitando en el cieno». Pero si los ojos miran hacia afuera es posible la salvación: «Se extendió la mirada hacia el sol,/ en el aire los párpados vibraron;/ y vi un mar respirando de luz y de tinieblas». La sangre puede salir de ese encierro y vivir: «¿Quién no ha sentido/ la espiga recta y fértil/ que atraviesa la sangre?». El proceso es constante, no hay repososo: «Con paso de sonámbula/ llego a las aguas lentas de un pantano, masa impúdica, cuajo de raíces, y una risa satánica espumosa,/ que halaga no sé qué de nuestra sangre». La promesa trunca, la esperanza de orden queda entre paréntesis: «—perdona, Luz, espera, siempre vuelvo—», pero la exploración mortal continúa: «espero, oscura, tercamente,/ una sombra primaria que presiento». Mirada hacia adentro, mirada blanca, diluida de ciegos,/ risa satánica que halaga no se qué de nuestra sangre. También aquí hay cierta esperanza: «Pero ahora espero, oscura, tercamente, una sombra primaria que presiento».

En *Desde aquí mis señales* el poema retrocede en todas sus imágenes a un tiempo a la vez histórico y mítico, «Pirámides» (15-18), para este mismo conflicto de oscilación entre lo oculto indescriptible y lo articulable y racional. El título ya señala la figura geométrica, pirámides, como una salvaguardia de lo inexpresable, quizá de la locura. La pirámide también puede ser seguridad y por lo tanto, paz: «pirámides/ de quietudes crecían/ por nuestras mentes tibias. Más allá dice la voz poética existe la tentación «esa embriaguez prohibida/ de vivir en los muertos». La salvación quizá, la claridad: «Ya estábamos muy cerca/ un sagrado abejorro adormecía por dentro nuestros ojos». Pero hay un tirón hacia lo interno, hacia lo subterráneo: «Entre perennes olas de tiempos confundidos/ un bulto muy pequeño/ nos tiraba del brazo.../con su sangre y su grito». Y desaparece lo claro, lo cierto, pero también lo estéril, la pirámide. Cuando «los papeles formales,/ con injusticia y sello, volaron» le queda a la poeta el cuerpo: «ya entre los brazos aquel cuerpo con hambre». El misterio no se aclara ni desaparece, la esfinge ha reemplazado a la pirámide, la esfinge con su impenetrable rostro humano, la esfinge impedirá la luz: «Sellará nuestra sangre/ a la luz renovada, el mito de la esfinge». Y a las pirámides las destruye la misma sangre reprimida de las que surgieron: «Una voraz pirámide/ de subterráneo tiempo/ estalló en nuestras manos. Fue su cólera antigua/ de sangre gris vencida» La voz poética intenta supervivir, y supervive en ese eterno nadar, «mas el brazo lograba/ salir de aquel mar muerto».

La magnífica polivalencia e incertidumbre del significante sangre y del significante vino, ofrecen en la poesía de Elena Andrés la posibilidad de incursiones infinitas en el dilema humano.

VII. LA POTENCIA DE LA PALABRA POÉTICA

En *La revolución del lenguaje poético*, se destaca la importancia de los ritmos en la primera época de vida intrauterina llamada *chora*, (χωρα) donde comienzan a formularse las pulsiones y el ritmo, las rupturas y los recomienzos. Según Kristeva, por ejemplo, la música se construye sólo sobre la base de lo semiótico (*Revolución*, 92). Por otra parte la poética considera partes integrantes de la creación el ritmo y la rima. Ambas pertenecerían al eje de combinación dentro los esquemas desarrollados por Jakobson. Al analizar la etapa semiótica, Julia Kristeva explica cómo la sustitución y el desplazamiento, es decir los principios de la metáfora y de la metonimia o, dicho de otro modo, de combinación y la selección, tienen su origen en la aparición de los impulsos en la jora, *chora*, el impulso de acción y el impulso de freno: «las similaridades y diferencias fonéticas (más tarde fonémicas), cinéticas o de movimiento y cromáticas son las marcas de estos arrestos en los impulsos» [43].

Partiendo de estas teoría sicoanalítica del análisis artístico, se podría aventurar la idea de que el ritmo sigue perteneciendo al orden semiótico, mientras que la rima (para la que el aspecto fonémico, y por lo tanto de la lengua en tanto que proceso de significación, es imprescindible) pertenecería al orden imaginario. De esta forma resulta muy coherente que, dadas sus características de incursión en el inconsciente, la poesía de Elena Andrés no incluya la rima pero se sustente en el ritmo. Además, el poder para dar cuerpo a estos aspectos pre-edípicos/semióticos del ser humano puede tener también una relación autobiográfica, dado el hecho de que, por ejemplo, la etapa de lactancia de Elena fue muy larga (ya hablaba cuando la abandonó) y además de que su primera etapa vital estuvo casi exclusivamente ligada a su madre, figurando el padre solamente como ausencia. De hecho los versos blancos de Elena Andrés, como también se ha observado más arriba, poseen una variedad y una belleza perfectamente integradas en el mundo poético que crea. El ritmo de la poesía forma parte esencial de la totalidad y va perfectamente integrado en el mundo que presenta.

Toda la obra contiene además una reflexión sobre la propia poesía como poderoso instrumento de los seres humanos. En este sentido pueden observarse momentos en los que encontramos poemas que realizan una función metalingüística o metapoética, de auto-exploración, poesía que mide sus posibilidades, así como poemas que de una manera específica se refieren a la obra de sus poetas más admirados. En este caso el poeta viene reconocido como creador

---

[43] «Phonic (later phonemic), kinetic, or chromatic units and differences are the marks of these stases in the drives». *Revolution in Poetic Language*: 28.

supremo . Hay casi una entronización, así sea Santa
Teresa (su madrina), Machado, Aleixandre (su mentor),
Juan Ramón Jiménez, Bécquer, Migel Hernández o
Blas de Otero; otros poetas, Unamuno, San Juan de la
Cruz, Góngora, son perceptibles dentro de la propia
poesía. En consecuencia la poeta misma, con su voz
universal, es consciente de su poderío. Como ya se vio
en la entrevista de 1973, Elena es consciente de que
con su palabra a base de ser personal puede llegar a
lo universal. La poesía, como anotó María Zambrano,
según se ha visto más arriba [44] posee una voz única
pero es una voz que incumbe al mundo entero, ella
habla de sí misma en función de lo que de universal
resuena en ella.

A veces se ve ese poder de dar vida del que la poeta
es tan consciente. Por ejemplo en *Desde aquí mis señales*: «A la memoria de Angelita B» (141-144) es un
poema en el se que mide la fuerza de la palabra poética para enfrentarse con el vacío, en este caso el pro-
ducido por la muerte de una mujer amiga. Todo el
poema, melodiosos hexasílabos, es un lamento que
marca ausencias: «Certero es el frío/ los bancos vacíos». En el parque donde sólo un perro «me lame/ mi
soledad íntegra». Más desolada aún es la ausencia en
los interiores: «cuarto vacío/ apenas dos sillas,/ sólo
una ocupada», con las paredes «desnudas y blancas/
muerta para siempre/ su rabia caliza». La opresión
invade todo: «La tristeza-carne», «un muelle oxidado/
reponde a su peso». Lo que se ve es sólo el vacío
dejado por una presencia «quedaron prendidas/ agujas con hilo/ sobre el viejo traje», «los rostros/ de hijos imposibles/ casi adivinados». Pero en el mismo acto
de reconocer la desolación, la palabra poética puede
volver a dar la vida, el dolor representado ha convertido el vacío en presencia: «Mi amor ha podido/ con-
vertirte ahora/ en la luz de invierno» esa fuerza le da
también vida a la propia poeta: «Y ya eres tan cierta/
que me justificas».

---

[44] Ver nota 37.

La poesía, en consecuencia, tiene poder para dar vida y para acercarse e identificarse con lo inefable. En este sentido la poesía se parece a otras manifestaciones del misterio que rodea al ser humano y comparte con ellas una porción del poder de lo inefable. En la poesía de Elena Andrés, el mar, las nubes, la niebla, el tiempo, tienen ese poder inexpresable que se puede verbalizar sólo a través de a palabra poética.

1. EL MAR, LAS NUBES, LA NIEBLA

En la poesía de Elena Andrés, lo ordenado aparece en continua amenaza por lo heterogéneao y lo irracional. La cultura occidental necesita lo unificado, según este código el conocimiento presupone una conciencia unificada a través de la cual se llega a ese conocimiento. Pero la lengua fragmenta esa unidad, no hay un sujeto claro. La naturaleza de la lengua, según hemos visto en las explicaciones lacanianas niega la posibilidad de una unificación desde la cual contemplar el universo, aunque el único y defectuoso instrumento que esté al alcance humano sea la lengua. Ahora bien la lengua poética tiene el don de parecerse al misterio mismo, y así reproducirlo. El mar, las nubes, la niebla se parecen a la poesía y con ella se relacionan porque de igual manera articulan el misterio.

En una conversación con la autora de estas líneas, tal como se menciona en la sección dedicada al breve esquema biográfico, afirmaba Elena Andrés que ella empezó a escribir su propia poesía cuando, de niña, vio por primera vez el mar en La Coruña. El mar es uno de los elementos esenciales que representan el supremo interrogante, esa masa viva existente, amenazante peligrosa, desconocida. La parte central de *Eterna Vela* se titula, en efecto, «Mar». Este misterio penetra la poesía como un vértice constatable entre lo conocido y lo desconocido. Así se ve por ejemplo en el poema «La barca» de *Dos Caminos* (42-43): «Aquellos hombres se hunden con sus sombras/ y vuelven a surgir de entre las olas/ derechos y ondulantes, quieren algo/ y dan unas señales; suena un eco/ y se vuelven a hundir, el mar los cubre. [...] Sólo de lejos viene en rumores,/ como sombras sonoras y flotantes,/ palabras enigmáticas de ahogados». Lo inabarcable se ve también en «Prometeo» de *Dos caminos*: (70-71): «Una nube alargada,/ de ovejas y de lluvia/ viene del mar, pausada,/ lentamente se acerca/ [...]/ Y la idea se derrama,/ en el aire se funde,/ vuelve al centro glorioso/ de aquel pensar primero» de resonancias platónicas, mundo inaccesible, enfrentado con lo angustioso humano.

Otro de los momentos emblemáticos de su infancia señalados por la poeta fue el descubrimiento de las nubes en la estación de ferrocarril con su madre, aquellos domingos de la postguerra, visitando Madrid. Descubrió este significado profundo de las nubes. Aspecto que está claro por ejemplo en «Recuerdas nebulosas» de *Desde aquí mis señales* (121-123), que muestra el enfrentamiento de resolución imposible representado por las nubes. El cerebro, orden de las leyes, de la sintaxis, de la comprensión no puede hacer otra cosa que ansiar plenitudes y plantear preguntas: «Desvelado cerebro, evocas nebulosas,/ tienes sueño atrasado;/ recuerdas nebulosas, tachas tiempo. Promesa original, la más sabida./ Tú lleno de porqués/ tú lleno de preguntas». A lo real, nunca se le podrá dar caza con el significante inestable, del diferimiento y la diferenciación que es propio de la lengua. Así la voz poética que se debate en la variedad: «Ay, todo variedad!, cuando se nombra/ el Uno todo empieza a adormecerse,/ casi, casi a morir».

La niebla también representa el dilema y es otro de los episodios recordados en la génesis poética de Elena Andrés, que ella relata en sus recuerdos infantiles. Envuelta por la niebla y aterrada, una tarde junto al río en Guadalajara, cobró de pronto, un valor y un brío que la propulsarían a la indagación de esa niebla. En el episodio y su interpretación, se ve también una concomitancia con Unamuno. La niebla es el no saber, la propia persona que no acierta a identificarse ni a definirse, como se ve es este fragmento de «Audaz introspección» poema de *Desde aquí mis señales* (23-26): «Soy niebla sobre el yeso/ lunar de un tiempo ignoto;/ transplante en un ajeno mundo de energía en éxtasis». La niebla, es lo deconocido de la propia persona, pero es también el misterio en el que los seres humanos desaparecen.

Así se ve, por ejemplo en «Forma, materia, huella» de *Desde aquí mis señales* (57-59) los amigos desaparecen en su misterio, «Cuántos amigos se van alejando/ de espaldas, para siempre hacia la niebla». La sangre el vino y la niebla se confunden como elementos en los que se desenvuelve la vida, así se ven en «Quizás mi verdad sea» de *Trance de la vigilia colmada* (13-15): «Venga un vaso de niebla/ espectral, venga un vaso/ de sangre como vino,/ de vino como sangre!».

En «Raíz ancestral» de *Desde aquí mis señales* (179-181) el amor se disuelve en la niebla: «Y te siento, y la niebla/ te besa las mejillas;/ y te pierdes, te pierdes/ entre mi bruma viva». En *Paisajes conjurados* la niebla, es por el contrario un refugio en el que alma atormetada puede encontrar olvido y bálsamo: «Propósito II (35-36): «No me atravieses, aire» Aquella plegaria que era «que me atraviese el viento/ que la niebla amorosa me desnazca».

2. POESÍA, LOCURA Y LUCIDEZ

La lengua, raíz de la angustia, es también la única posible solución. A la manera de Derrida, se podría afirmar que la palabra es tanto veneno, como cura. La palabra poética es la clave para mantener la cordura. Sin palabra sólo quedaría la locura, encadenando al sujeto. Si el psicoanálisis es una narración curativa, la poesía es un buceo y en el caso que nos ocupa se puede decir que es un buceo casi suicida, en las profundidades misteriosas del comienzo del ser. La locura es posiblemente el vértice supremo que marca las fronteras de lo humano. Pero la voz poética es lúcida; la palabra poética la salva. Según Kristeva el texto como práctica significativa cumple esa función «Los procesos significativos eluden las maquinaciones y el callejón sin salida de esa prisión [la locura]; lo hacen, si duda, despacio y con cautela pero siempre en la arena pública, siempre teniendo en cuenta la actividad sociohistórica» (*Revolution* , 214) [45].

Desde el primer libro el tema de la locura tiene gran peso en la poesía de Elena Andrés. Pero ¿quén es el loco? El poema «El loco» de *El buscador* (21) presenta a este personaje en una situación central pero invisible en el orden manifiesto e inocente de la vida: la fuente, las margaritas, las niñas, las piedras: «Y ahora ha llegado el loco/ junto a a fuente blanca». La noción de la inocencia en la blancura de la fuente se amplía con las flores: «Coronó su cabeza/ de tiernas margaritas». El loco es el que sabe, él posee la mirada y busca su lugar entre la inocencia del gran grupo de niñas: «Un centenar de niñas/ está jugando al corro». Las niñas no pueden verlo pero él conoce su papel central: «las niñas no le ven;/ él es quien siempre ocupa el centro de este juego». Los tres casos que involuntariamente, pues son pasivos siempre o privados de visión, representan la inocencia pero también la fuerza de la vida. En los tres casos hay, flujo esencial pero inocente y transitorio, agua, margaritas, niñas. Mas lo permanente se instala en el poema, «Sigue el corro de niñas/ dando vueltas eternas» el corro

---

[45] «Signifying practices thus elude the machinations and blind alley of that imprisonmen [madness]t; they do so slowly and cautiously, no doubt, but always within the public arena, always taking socio-historical activity into account». (*Revolution* : 214). En el acceso a la lengua, Kristeva distingue cuatro procesos de significación, el cuarto es el proceso de significación del texto, o el de la creación artística, instintivamente binario, en el que aparecen los términos opuestos que integran la lengua de manera mucho más avasalladora que en los otros tres procesos de significación (el de narración -que abarca la narración familiar, el metalenguaje —que abarca la filosofía, el de contemplación— que abarca la teoría y lo pragmático, fuertemente ligado a lo simbólico (Moi: 90).

virginal que rodea sin saberlo a la locura, se vuelve ya materia dura, las niñas se transforman en piedras. Pero la voz poética es la guardiana, ella puede ver a su vez al loco y así adivinar y quien sabe si prevenir su amenaza: «y las piedras que duermen/ junto a este césped húmedo/ son niñas hechas piedra».

En el poema «El loco» de *Eterna vela* (21-22) ese personaje es un punto de referencia central para los destinatarios del poema y para la propia voz poética que explora así, de una manera compartida y urgente con los lectores «Amigos, ved», «Mirad», su propia experiencia sobre la locura. En este caso el loco muestra un aspecto común de la más oscura experiencia humana: «¿Acaso, amigos, no lleva en su frente/ potencias contenidas de los otros/ que evaporadas yerran en caos negro?» Pero la figura tiene también casi dimensiones cósmicas «surge entre la bruma», «da vueltas ... se encoge y se alarga/ como serpiente negra de los aires» pero es humana y posesiva: «extiende hacia el espacio sus diez dedos» y hasta cierto punto solidaria: «Un mensaje olvidado dan sus manos» y posee sentimientos, «ved su pecho poseído». Es una figura amenazante que puede hacer su aparición entre quien esto lee, esto escribe y la voz poética advierte y se advierte «Guardaos». Los momentos peligrosos son sentirse muerto y abandonar la lengua: «en el letargo/ .../ hay frases que huyen de las bocas lacias,/ se evapora la sangre lentamente/ y después surge él, crispado ... y sombras». Se pierde la palabra, ahora ya son sólo letras: «Guardáos amigos del letargo hueco/ se escapan letras de las flojas bocas/ y después surge él». Si se baja la guardia y se relaja el control que la lengua ofrece, puede imponerse el caos, el descenso al mundo desarticulado el que precipita al sujeto en la locura.

En *Trance de la vigilia colmada* hay un tercer poema con este titulo (67). El loco es un personaje concreto pero alegórico: «Un día el loco» que funciona en un tiempo ambiguo: «De eso hace ya mil años y aún espera» Este personaje tiene el don de oír lo que los demás no oyen. El loco puede escuchar «gritos agudos/ dentro de su cajón, eran semillas /..../ chispa y músculo mínimo» y «sacó las semillas de sus frascos» pero fue para enterrarlas «enterró a unos fieros leones vivos/ en la entraña de aquel bosque endiablado». Y desde entonces espera. El loco tiene la capacidad de creer, «cree en vientres gestadores de prodigios», «cree en partos sorprendentes», «cree en resurrecciones» e implacablemente espera, como un oráculo sabio e intemporal «sentado en la penúltima colina». Él sabe lo que la voz poética ignora.

La voz poética tiene también que reconocer su inferioridad ante el loco en «Comienzo de jornada» de *Desde aquí mis señales* (9-11) en el que la voz poética se enfrenta con el loco que la mira, la complica y la acecha. Aquí hay un desafío y una lucha: «oigo pasos discordes/...../ Es el loco que habita/ cerca de mis paredes». La vecindad es en cierta medida cómplice, la poesía vive cerca de la locura «pasa, me mira y ríe/ me mira y me complica». La locura-vecino atrae, el lleva una verdad, «hay un trozo en su cuerpo/ que salva / ...../ con energía inaudita», el loco porta nutrición «la cesta de los panes», el loco siempre queda aunque se vaya «y se pilla la sombra/ con la puerta que cierra» Ya está la voz poética implicada en la locura «y la escalera sigue,/ desciendo eternamente. /...../ me sumerjo en la danza». La voz poética ya está implicada en la locura, ya la explora, ya se arriesga «Una risa en el aire/ demoníaca que embriaga/ y nos burlara,/ ¡buenos días! Aceptado».

Con un tono solemne de endecasílabos sostenidos, la poeta explora otra vez el tema del loco en «Día no fasto» en *Desde aquí mis señales* (95-96). Este poema relaciona la locura con el mundo del sueño, del inconsciente y de las amanecidas: «Esta mañana/ la luz mostró en mis ojos un cuchillo». Las pesadillas de la noche no han desaparecido, pero se han transformado: «bajo mis pies gimió algo en el suelo,/ ¿un grito de murciélago asfixiado/ residuo de la noche, roto sueño?» La locura, como un pertinaz y escurridizo vampiro se esfuma por la mañana: «Una sombra pequeña de ala mísera pareció —ay realidad— que se escapaba con aire rencoroso de la estancia». El mundo de los sueños de las pesadillas, de lo conocido penetra así la zona del día y la contamina: «Y la calle mostró sus filos grises, recientes, estrenadas sus aristas» La poeta abandona su calma y se siente blanco de todos, vulnerable: «Y todas las miradas como hielo,/ tal guerreros con lanza rodeándome». El sujeto emprende una huida y una búsqueda, necesita protección: «Y mis pasos hicieron un camino/..../caminado si tregua por las calles,/ caminado sin tregua por el campo» busca al loco, sólo la locura rechazada puede devoverle la calma: «Seguí, seguí, seguí, hice un camino/ buscando al loco que me sentenciara/ al final, al final y cual un rito/ buscaba su sentencia revelada».

La locura puede también imponerse y en el acto más trágico privar a la poeta de la voz, aspecto que se ve en un poema ya comentado al tratar el aspecto del género. Se trata de «¿No oís los gritos de lo que pisáis?» de *Trance de la vigilia colmada* (89-91). Si se pudiera oir lo inaudible, los gritos de las cosas el mundo sería intolerable: «que sólo una vez se escucha en una vida/ Cuando se le descifra/ sentimos un calambre en la quijada» Esa imposible lucidez llevaría a descubrir secretos intolerables. Y la locura aparece, es un niño loco «subido en una silla en una esquina». La suprema amenaza: «Tirita el pensamiento y hasta claudica el caos/ que se araña la cara. El niño loco. El niño loco. Loco», «¡cuidado no haga un mundo!/ pues sólo la locura dispone de la fuerza para hacerlo». La voz poética pierde la palabra, pierde una lengua que ya no le vale para articular el caos y penetra ella misma en la locura, «Matarlo no debemos./ Tarloma no mosdebe/ Marlotar on demosbe».

La poesía tiene, pues, la capacidad para vencer a la locura, al poder adivinar sus maquinaciones, puede limitarse a observarla, puede temerla y huir, ser vencida y convertirse en cómplice; puede necesitar el apoyo de la locura o puede simplemente entrar ella misma en su reino. La locura nunca está lejos del sujeto poético, para el que la palabra es siempre en última instancia, redentora.

3. La lucha con la lengua

La batalla por encontrar un significado que está más allá de la palabras se ve como una constante en la obra de Elena Andrés desde el primer libro hasta el último. Entre los primeros críticos de Elena, Carlos Luis Alvarez se asombraba ante esta poesía capaz de expresar lo inexpresable: «En la relación entre [la] existencia y la no existencia creada por la voz, estriba la magia poética». Ya se ha visto como en este universo se produce un mundo discordante, dispar y quebrado en el que lo lógico (simbólico) trata de imponer un orden que lo semiótico rechaza. Nos encontramos con una constatación de la poesía en su máximo exponente: «un discurso que siempre se enfrente con el muro de la lengua, como a la vez sujeta y subversiva de la ley; un discurso que en un alarde aporético, se atreve a pensar en la lengua contra sí misma y se sitúa en un lugar insostenible» El poema titulado «Palabras» de *El Buscador*» (68) expone este combate en forma de metáfora surrealista, «sudor de las paredes» contrapuesta al esfuerzo de la voz poética: «Palabras,/ decía recuerdos conexos; seguía/ la voz hablando lenta, tercamente/ en un empeño de llenar vacíos./ Se borraron mis ojos, no había nadie./ Abrí los ojos, un libro en el suelo/ y gotas de sudor en las paredes».

Quizá el poema que muestre con más fuerza esta aspiración siempre viva y siempre vencida sea «Fábula sobre la pista ardiente de lo vivo» de *Trance de la vigilia colmada* (45-50). El poema trata de la lengua, el orden y el caos describiendo el camino de la separación entre lengua y vida. Es la entrada en el orden simbólico, la permanencia de lo imaginario y el combate que este enfrentamiento se origina; está constru-

117

do a base de stacatos y recomienzos, en forma de pies quebrados, y versos mínimos, por ejemplo bisílabos, trisílabos o tetrasílabos con una base de endecasílabos. Comienza exponiendo el fracaso de la lengua para expresar la esencia de lo humano: «Circunspectas palabras/ quedan inertes/ muertas» las palabras son casi inútiles, son «copos,/ nieve de nadas». Sólo vestigios de lo que la poeta relaciona con lo platónico o el mundo de las ideas «desalentadas chispas,/ dispersos/ genes fúlgidos/ de quemadas ideas». Ante el caos universal las palabras expresan realmente más ausencia que presencia; y la voz poética concibe el inquietante concepto de antipalabra: «Ahora lanzar antipalabras sobre los campos blancos» estas antipalabras ¿son dones del que quiere poseer lo inexpresable? ¿son dones del poeta? ¿cómo son? «no sé si claves vivas del revés—», «un puñado de trazos inconexos», «fragmentos/ definitivamente/ desasidos» de un mundo lejano y pre-existente a la lengua: «tal si hubiéramos muerto/ hace miles de años/ y hubiéranse extinguido/ nuestros cánones». La voz poética reconoce el descubrimiento de la falacia de la lengua: la imposibildad de la sintaxis que parecía irreprochable. Entra en concepto de la lengua como rompecabezas imperfecto: «todos pertenecieron/ a una frase / a una imagen/ trazada,/ terminada,/ perfecta,/ construida / con cartesiano método y/ paciencia/ por la matrona lógica». Frente a este fracaso renacen las palabras como conjunción de los dos órdenes, son las palabras sólo generadas por el arte, estas palabras enlazan con lo semiótico del ser humano, «en el oscuro origen, / desorden abisal: aún no había tiempo» pero se produce la entrada en lo consciente y en el orden «tras del advenimiento/ del dios del primer hombre: orden forjado/ fue el entusiasmo-dogma».

Aquí aparece un humor muy unamuniano: «Se creó el concepto cuerdo./ Y después/ lo cuerdísimo» y desde ahí la ilusión de la presencia, de la claridad de la palabra, de la autoridad de la filosofía y de la palabra como presencia, que ahora se desintegra: «Está vieja/

la lógica antañona». Pero la lengua es todo lo que poseemos, lo que en realidad nos puede salvar, lleva en sí la promesa de la difícil comunión: «Algunos poseemos/ con nostalgia/ del principio del orden/ seis pequeñas teselas virginales/ del mosaico/ que encajan/ rigurosas, solemnes» pero ¿quiénes son esos «algunos»? ¿Quizá los poetas? ¿es una promesa? «las guardamos/ muy dentro/ con gran melacolía/ y decimos ambiguos: hoy ya todo con todo/ imposible el deslinde,/extraer el Uno» pero las palabras son tenaces, no se rinden, siempre prometen y vuelve a nacer en la vida que siempre surge «-liberadas de nuevo - sobre la superficie/ de lo rotundamente vivo, vivo,/ se metamorfosean en activos protones» prometen vida, representación, se vuelve a ellas «impulso del origen/ que se gasta y retorna»

4. AISLAMIENTO Y COMUNICACIÓN

La poesía es voz, pero es también escritura. El tema de la cuartilla en blanco que atormentaba a Unamuno, aparece varias veces en los poemas. Lo escrito es de temer porque se torna ajeno, puede adquirir casi un poder autónomo que se vuelva en contra de su creadora. En *Dos caminos*: «La aventura» (58-59) la cuartilla abandonada sobre la mesa cobra vida propia pero es una vida malévola, en ella se dibujan «dos ojos fijos, lentos, desvaídos ... que convierten lo que tocan en piedra». La poesía adquiere un poder de descubrir el terror, la mirada siempre se enfrenta con la inocencia y la vence. Los ojos que aparecen en la cuartilla en blanco tienen la presencia «de algo que vuela eterno por el aire,/ deja su opaca huella en lo que es virgen ... como dos alas mágicas del mal». Puede ver lo que acecha.

Pero hay una aspecto esencial en la poesía como en todo acto de habla; la voz poética es, como se apuntaba más arriba, yo, tú, nosotros, una sibila, una medium, ¿puede, en efecto, comunicarse? La posibilidad de comunicación entre los diversos fragmentos del sujeto y entre el sujeto y sus lectores o los receptores del mensaje poético, es también un aspecto esencial en la poesía de Elena Andrés. Se trata, en efecto, de calcular cuáles son las posibiliddes de comunicación con un discursos que está en discordia con la lengua como vehículo imposible. Este aspecto se ve en muchos poemas, no sólo en «La carta de suicida», en «Homenaje a Kierkegaard» o en «Apoteosis» los tres en *Paisajes conjurados*. No obstante «Tiras de nuevo al viento» representa de manera más expresiva el impulso de comunicación a través de la palabra ya que se combina con el impulso hacia la muerte. Este instinto, según Lacan «constituye la base del complejo de castración [o la entrada en la lengua] y permite el desarrollo de la lengua, junto a la posibilidad del deseo, ya que éste aparece al mismo tiempo que la lengua»[46] También dice Lacan y esto lo puedo aplicar al suicidio: «Así que cuando queremos conseguir en el sujeto lo que era antes de la serie de articulaciones del habla, y lo que era primordial con relación al nacimiento de los símbolos, lo encontramos en la muerte»[47]. El suicidio es uno de los aspectos contemplados por Elena Andrés repetidamente como contrapartida de vida. Es una opción que ofrece la vida y que es paradójicamente su negación; Lacan explica que la muerte representa el cero que se contrapone al uno Unidad, integración), que el sujeto no puede lograr después de entrar en el orden simbólico y la lengua (Lamaire, 128).

Los primeros críticos de Elena Andrés relacionaron su poesía con el existencialismo prevalente en los años

---

[46] «[The death instinct] constitutes the basis of the castration complex and allows the development of language, together with the possibility of desire, as the latter arises together with language». Citado por ANIKA LEMAIRE, *Jacques Lacan*, (London and New York: Routledge and Kegan Paul, 1991): 167.

[47] So when we wish to attain in the subject what was before the serial articulations of speech, and what is primordial to the birth of symbols, we find it in death. JACQUES LACAN. *Ecrits: Le Séminaire sur la lettre volé*, 16 (Paris: Éditions du Seuil, 1966), 46-47.

cincuenta, no en vano hay incluso un poema dentro de *Paisaje conjurados* que es el «Homenaje a Kierkegaard» (51). Pero el existencialismo de Elena Andrés, también emparentado con Unamuno porque como en caso de Kierkegaard hay un duelo de lo trascendente con lo racional, este sentimiento trágico de la vida no arranca del duelo de la existencia concreta con la fe religiosa; arranca del duelo entre la lengua y el cuerpo, lo inexpresable y lo expresable, la ausencia de la lengua y la inmersión en la lengua, el orden imaginario y el orden simbólico. El tema del suicidio presenta una renuncia a la disgregación de la lengua y un deseo de integración en la paz que comporta la autoaniquilación. Pero se trata además de un intento desesperado de comunicación, que negaría ese deseo de muerte: una carta.

Hay, en efecto, una contradicción que permea por todo el poema, es el conflicto entre la potencia y la impotencia, la comunicación y el aislamiento, el amor y la soledad, que se alternan en el sujeto. El sujeto del poema comienza lanzando al aire una carta, pero se trata de una carta contradictoria que al mismo tiempo quiere establecer comunicación y frustrarla, es una carta de suicida: «Tiras de nuevo al viento/ la carta de suicida, se la lleva», el viento se la lleva, el mensaje está enviado, pero inmediatamente una duda asalta al emisor de ese mensaje, no era un mensaje claro: «¿Qué confesión oculta en clave has olvidado?», ¿puede, en efecto, ser un mensaje claro una carta de suicida? ¿puede recuperarse un mensaje ambiguo y contradictorio que se ha enviado? ¿puede el acto de comunicación recogerse cuando el emisor se da cuenta de que el mensaje era viciado? La poeta se da cuenta de que su esfuerzo ha sido inútil y al parecer se resigna y no admite rectificación, si la carta estaba completa o incompleta, ya no se puede recuperar aunque se quiera: «vas por ella, ya es tarde,/ una ráfaga llega, la arrebata: Imposible atraparla, huyó con vida». Aquí la carta de suicida o el mensaje puede interpretarse como acto de comunicación verbal, o una creación artística, es lo mismo. Siempre se trata de mensajes incompletos y contradictorios. La voz poética, entonces se cierra en sí misma, no necesita a nadie: «Con dignidad, entonces,/ con un aplomo cínico,/ te vuelves a sentar sobre los vértices,/ mágicos prismas de las vivas rocas». Puede hacerse la ilusión de su independencia total. Hay un dominio de toda la creación desde este pináculo, geométrico, desde donde el sujeto preside el universo, al que ya nos hemos referido más arriba al comtemplar a la poeta como la voz de sibila: «Te instalas sobre un vértice, te clavas/ y ya eres algo erguido, el centro exacto / (núcleo donde convergen y se cruzan/ los cuatro puntos cardinales)». Desde ese punto culminante y dominante alrededor del cual se ordena el resto del universo, «como el mar, el horizonte creas».

El problema es que la sibila no es poderosa, porque su propio destino está implicado en su mensaje, ella es tan vulnerable como cuaquier receptor a quien envía su carta. Su potencia y su aislamiento se desmoronan, penetra la duda; el receptor de este mensaje irrecuperable es aleatorio, «¿habrá caído/ sobre el regazo en paz de la inocencia?/ O quizás esté apresada entre los dedos/ de la más circunspecta estupidez». La carta puede estar igualmente «enganchada en la veleta», «O se irá destintando ya en un charco». El sujeto entonces sufre las consecuencias de esas posibilidades, no actúa, reacciona; «el rostro se te aniebla, el yo se opaca». Las funciones de la lengua como la comunicación no se cumplen. La función emotiva impone «detector y emisor», pero de la conativa nada se sabe, el mensaje está viciado y es contradictorio, el receptor está ausente. De ahí la angustia existencial del creador ante el papel en blanco, del futuro del texto. El artista emite el texto, articula la lengua pero no puede controlar a su lector, ni lo conoce, ni sabe si existe. La voz poética renuncia de nuevo a la comunicación, se sitúa otra vez en su aislamiento.

El texto aclara bien este punto de dominio/ servidumbre, actuación/recepción, en estos mismos términos sintácticos de comunicación o ausencia de comunicación del mensaje: «detector y emisor». Es el destino del texto poético, del texto artístico en general. Y el mensaje, la función referencial, es siempre incompleto y dudoso. El poeta puede tener la ilusión de poder, en su aislamiento privilegiado, en el poder de su visión: «Mas otra vez erguido/ apelas conexiones/ .../ te sientes 'mecanismo' del planeta,/ un ente erguido y solo» separado de lo humano, rota su comunicación «Ya se marchó aquel viento/ portador para siempre/ del amor más cercano, del humano terruño». Hay una tentación de endiosamiento que es imposible: «La potencia de amar nunca se pierde,/ aunque el único objeto/ del amor sea ya un astro. quizá muerto». Pero lo humano persiste, el mensaje está enviado, mas el detector-emisor ahora ya no sabe qué decía exactamente el mensaje «¿Qué confesión oculta hay en clave en la carta?/ El suicidio pervive mientras la carta vuela». La comunicación es amor y el poeta no podrá separarse ya de su mensaje frustrado: «Lograste suavemente/ despojar ya de anécdotas/ concretas el amor, mas no pudiste, arrancar de tu entraña la potente/ capacidad de amar.../». El poeta se resigna, que es lo que, en puridad, lo hace humano ¿qué otro mensaje podría haber mandado? el mensaje artístico no tiene «validez de sangre pálida» no tiene, en efecto presencia de su emisor «Y no puedes dormir, ¿la traerá el viento?». La soledad es ahora impotencia, hay sólo un ambiguo poder de oráculo, sentado en el borde de las rocas cuyo mensaje, cifrado, nadie entiende, acepta su dimensión humana y se convierte en víctima de un misterioso sacrificio: «Ensimismado rostro,/ luz lunar en un óvalo sensible y conmemoria/ que vive sobre el cuello: Pararrayos»... Finalmente puede ser que el mensaje, la carta, vuelva, la traerá el viento aleatorio», manchada de barro», con una docilidad también enigmática «como un perro que espera espirar lentamente/ cuando encuentre a su amo». Y el poeta no la corrige, no añade nada, no la vuelve a mandar «No la leerás, lo sabes./ la enterrarás y encima,/ pondrás lilas piadosas,/ no un puñado de racimos de lágrimas, ya es tarde». El desolado mensaje queda abandonado, no expresará el dolor «puñado de racimos de lágrimas». Sólo quizá la exégesis artística, como las presentes líneas que ahora se leen, «lilas piadosas», lo acompañen.

Este magnífico poema presenta, como hemos visto, la aporía de la comunicación a nivel textual, el falso dudoso texto, el falso/dudoso creador, el falso/dudoso receptor. Queda un sufrimiento y una esperanza inexpresados e inexpresables representado por la doble subyugación del poeta/oráculo, su duda interna y su aislamiento. Afortunadamente, la maestría de Elena Andrés ha podido comunicarnos en este poema el milagro del arte, explicar lo inexplicable y expresar lo inexpresable.

En todos los casos por encima del mundo presentado que puede mostrar tanto derrotas como supervivencias, la voz poética cierra con su presencia toda posible negatividad. El acto poético es capaz de expresar la esencia más profunda de lo humano, es un texto que se autoniega a la vez que se genera. Es el impulso hacia lo verdadero que nunca abandona al sujeto una vez que éste ha entrado en la existencia, tome el camino que tome, siempre en lontananza está la posibilidad de y la negación de la coherencia y de la verdad.

VIII. CONCLUSIONES

Considerada en el conjunto de poetas del siglo xx español, la poesía de Elena Andrés presenta una entidad única. Como vieron sus primeros críticos, una de sus carácterísticas es la consistencia de su visión. El mundo inconfundible que se presenta en esta obra posee, dentro de una multiplicidad y variedad de ángulos y perspectivas, un sobrecogedor poderío. Es un mundo de dimensiones cósmicas y de dimensiones microscópicas, de una naturaleza caleidoscópica, de luces violentas y de brumas. El mundo es humano, se proyecta desde el cuerpo, se refleja en el cuerpo, sale del cuerpo en un impulso vehemente y sostenido de espiritualidad. La poeta penetra en su esencia más oculta para intentar descubrir una identidad anhelada. Como Jacob, Elena Andrés ha luchado con un ángel, ha luchado con ella misma y su palabra, para poder identificarse y descubrirse, para identificar y descubrir al ser humano. Y, como Jacob, ha salido vencedora. Aquí están estos libros para probarlo.

En el descenso a su ser profundo Elena Andrés se ha vuelto a crear a sí misma una y otra vez. Mientras que para Aristóteles el arte es mímesis, en términos psicoanalíticos Kristeva dice que «la obra de arte constituye la independencia conquistada a través de lo inhumano. La obra de arte corta la filiación natural, es patricida y matricida, es de una soberbia soledad».[48] La poeta es la demiurga pero tiene que utilizar el único material con el que cuenta, su propia condición humana. Al hacerlo, en efecto, lleva a cabo una gestación y un parto, se crea a sí misma, reproduce el proceso de maternidad y paternidad, según su propia invención o imitación. En efecto corta la filiación natural y se convierte en su propia madre y su propio padre pero al mismo tiempo, no puede menos de volver a su propia naturaleza, con lo que el proceso de imitación, el proceso exploratorio, deja de ser imitación y se acerca a la propia vida. Si la ciencia sigue tratando de entender el proceso de la configuración del ser humano, sus raíces en el cuerpo de la madre, su difícil y sisífea entrada en el mundo de las leyes, la sociedad, la razón, en una palabra en el mundo de la lengua y de lo símbólico, la poesía ha expresado y presentido esto desde tiempos inmemoriales. Esta lucha se ve con claridad desgarradora en la poesía que ahora contemplamos. Elena Andrés se convierte, sin duda, en su propia madre y su propio padre, su exploración en las

---

[48] The work of art is independence conquered through inhumanity. The work of art cuts off natural filiation, it is patricide and matricide, it is superbly solitary. But look back stage, as does the analyst and you will find dependence, a secret mother on whom this sublimation is constructed (MOI: 14).

raíces de la experiencia humana, por ser tan profundas, son universales como ella misma vio cuando comenzaba su aventura poética.

Esta incursión hacia dentro y hacia fuera de su ser, la ha realizado como humana, hombre o mujer, que emerge hacia el misterio de la vida. Pero en su creación ha adoptado la fuerza de lo maternal y lo telúrico de donde surgen hombres y mujeres por igual porque su incursión proyectada hacia ese momento en el que entra la palabra en los horizontes, que aún están apegados y enraízados en lo inconsciente, es ante todo humana. La capacidad de creación no conoce género, como decían Kristeva y Chodorov; no obstante de manera más explícitamente femenina, su voz expresa lo que la cultura de las mujeres ha ido cultivando como propio, otra vez lo maternal, lo ancestral, lo mágico, el misterio y desde luego la confinación. La voz poética pertenece a una mujer.

El poema «Autorretrato» de *Trance de la vigilia colmada* (111-112) es el único con este título, aunque haya múltiples aspectos autobiográficos que informan con frecuencia su poesía, como ya se ha visto. No obstante en este verídico «Autorretrato» se pueden contemplar, efectivamente, todos los rasgos esenciales de la poesía de Elena Andrés. En cierto modo este poema condensa de manera emblemática y en síntesis todo lo que la poeta ha aportado a la poesía española como una más de sus más inconfundibles voces. La voz poética afirma su fortaleza pero también la impotencia de lo humano, «cuando veo mi imagen reflejada/ en los charcos de todo lo que miro,/ siento piedad de mí». En ella se condensa todo, esa combinación sobrecogedora de la esencia humana, lo inconsciente , «de oleajes de mis sangres/ cargadas de universos en potencia» y de lo consciente y contradictorio humano, «números borrachos con flagelos», «recuerdos no vividos;» es una criatura, una mujer con su cuerpo y su espíritu, que vive su existencia personal «me trenzo a mis anécdotas, me crispo, chascan instantes-huesos». Aparece el tema de la noche «La noche: llanto, llanto, calo almohadas telúricas» y su aspiración a lo universal y eterno, en descripciones llenas de fuerza visual, tan próxima a la pintura, tal como el propio título del poema sugiere: «Pero a veces coloco mi rostro atemporal/ por encima del mar, y lo balancea el austro suavemente./Luz eterna lo empapa y transfigura, dos lágrimas/ destellan en la atmósfera». Y se proclama voz universal, como en efecto lo es. Una voz que abarca a todo el género humano pero que, al mismo tiempo, incluye específicamente a las mujeres como sujeto, a diferencia de las voces poéticas en las que las mujeres suelen ser incluidas pero con el papel de objeto, porque la suya, siendo universal viene del cuerpo y del espíritu de una mujer. Verdaderamente en la poesía de Elena Andrés, la teoría del género puede comprobar el terreno común humano, que a nadie excluye y a nadie objetiviza o margina: «No sé, amigos, si soy hombre o mujer ahora. Sé que mi pensamiento se yergue como un nervio/ sangrante de consciencia —nuestro tiempo palpita: somos todos—».

Los estudios de teoría feminista y del género unidos al florecimiento epistemológico de este siglo xx permiten poder contemplar en toda su belleza y a plena luz las producciones artísticas de la mujer y así llegar a conocer mejor las profundidades de la personalidad y las raíces del individuo. Por estas raíces clamaba Unamuno, son las ansiedades por sobrepasar lo físico, yendo directamente en su sentido, de Santa Teresa y San Juan de la Cruz. Esta poesía de Elena Andrés, viene a potenciar la de sus maestros. Elena Andrés realiza una incursión inusitada en la configuración del ser humano antes de poseer la palabra y en el duro enfrentamiento con la palabra. Su poesía se agarra a los hondones más profundos del alma y del cuerpo, vigila su perpetuo nacimiento en la confrontación entre el cuerpo y la ley, la sangre y la palabra. La poeta realiza esta obra a partir de su propia existencia de mujer que presenta la filiación universal hombre-mujer, idénticos, saliendo del mismo vientre, como dijera Unamuno en *La tia Tula*, hombre y mujer, mellizos e inocentes, para entrar en un mundo de leyes y sobre todo en un universo de la palabra, pero con el cuerpo como base,unido a la perspectiva y la visión de una cultura y una naturaleza. Aquí las herramientas, la plataforma y la visión son ya los que corresponden a a la visión y al cuerpo de la mujer. Al crear esta obra, Elena Andrés da a luz, como mujer, permite ver y conocer al ser humano complejo y sexuado, al hijo, a la hija que sí ha tenido.

BIBLIOGRAFÍA

Obras de Elena Andrés

El buscador, Madrid: Ediciones Ágora, 1959.
Eterna vela, Madrid: Ediciones Rialp, Colección Adonais, 1961.
Dos caminos, Madrid: Ediciones Rialp, Colección Adonais, 1964.
Desde aquí mis señales, Salamanca: Alamo, 1971.
Trance de la vigilia colmada, Barcelona: Ambito Literario, 1980.
Talismán de identidad (Antología), Madrid: Torremozas, 1992.
Paisajes conjurados, Madrid: Huerga Fierro, Colección Fenice, 1997.

Traducciones

ROMANO COLANGELI, M., *Voci feminile della lirica espagnola del '900*, Bologna: Patron, 1964, pp 967-1025.
Paesaggi scongiuratti (trad. Alfonso Frías Forcada), Palermo: La Meridiana, 1992.
PANCHANOWSKA, Roda (Selección y notas). Ana María Novales, Prólogo *Antología búlgara*. Sofía: Sociedad Libre de Poesía, 1996.
Anthologie des Rencontres Poétiques, Yverdon-les-Bains en Suisse Romande, 1984.
Anthologie des Rencontres Poétiques Internationeles en Suisse Romande, Neuchatel, 1990.

Artículos sobre la poesía de Elena Andrés

ANÓN, «Elena Andrés, una mirada hacia adentro», *Ya,* Madrid, (7 de octubre, 1973): 18.
BRAVO, María Elena, «Ausencias/presencias en la poesía de postguerra: el caso de Elena Andrés». *Letras Peninsulares*, (Winter 1996-97): 379-389.
COMINCIOLI, J., «La jeune littérature espagnole». *La Gazette de Laussanne* (Mars, 1961).

FAGUNDO, Ana María, «Poesía femenina española del siglo xx: 1900-1940» *Alaluz,* Año XIX- nums 1,2 (primavera-otoño 1987-1989): 11.

JIMÉNEZ MARTOS, Luis, «A poesía femenina española na pos-guerra». *Jornal de Letras y Artes* n.º 135 Lisboa (Abril 1964).

—, «Exploración e imaginación». *La Atlántida.* (Madrid) (nov.-dic. 1964): 676-7.

LAGOS, Concha, «Eva y poesía». *La Estafeta Literaria* n.º 288, Madrid (marzo 1964).

VALDIVIESO, Teresa, «La poesía de Elena Andrés como una pluralidad de discursos». *Alaluz,* Año XVII (Primavera 1985): 3-11.

Reseñas

El buscador

Alperi, Víctor, «Las poesías de Elena Andrés». *La voz de Asturias* (Oviedo) (4-IX-59).

FERNÁNDEZ SANTOS, Francisco, «El Buscador». *Cuadernos* (Paris) n.º 45 (noviembre-diciembre1960).

BLANCO AMOR, José, «El Buscador», *La Nación* (Buenos Aires) Domingo 1 nov. 1959.

IFACH, María de Gracia, «El Buscador». *Insula* n.º. 157 diciembre1959.

JIMÉNEZ MARTOS, Luis, «El Buscador». *La Estafeta Literaria* (Madrid) n.º 191 abril 1960.

MOSTAZA, Bartolomé, «Poesía de ensoñación». *Ya,* (Madrid) 27 julio 1960.

Eterna Vela

AGUIRRE BELLVER, J., «Hoy es actualidad», *Madrid* (Madrid) 18 Dic. 1963.

BLANCO AMOR, José, «Eterna vela». *La Nación* (Buenos Aires) 26 mayo 1963.

ÁLVAREZ, Carlos Luis, «Eterna vela». *Blanco y Negro.* (Madrid) n.º 2068 (28-4-1962).

DOLÇ, Miguel, «Eterna vela». *Destino,* (Barcelona) n.º 1415 (septiembre 1964).

GATELL, Angelina, «Eterna vela». *Poesía Española* (Madrid) n.º 115 (julio 1962).

JIMÉNEZ MARTOS, Luis, «Eterna vela». *La Estafeta Literaria* (Madrid) n.º 262 (marzo 1963).

MOSTAZA, Bartolomé, «Crónica de poesía». *Ya,* (Madrid) 3 de octubre 1962.

QUIÑONES, Fernando, «Crónica de poesía».*Cuadernos Hispanoamericanos* (Madrid) n.º 154 (octubre 1962).

Dos Caminos

ALCALDE, L. R., «Auge de la poesía femenina en España». *Ya* (Madrid) 17 noviembre 1964.

ÁLVAREZ, Carlos Luis, «Dos caminos». *Blanco y Negro* (Madrid) n.°
2717 30 Mayo 1964.

CARRIÓN, M., «Dos caminos». *Rocamor* (Palencia) noviembre1964.

DOLÇ, Miguel, «Los caminos de Elena Andrés». *Las Provincias*
(Valencia) (agosto 1967).

FERNÁNDEZ ALMAGRO, Melchor, «Dos caminos». *A.B.C.* (Madrid), 21
de junio 1964

JIMÉNEZ MARTOS, Luis, «Dos caminos». *Atlántida* (Madrid) n.° 12
(noviembre-diciembre 1964).

MANTERO, Manuel, «Dos caminos». *Revista de Literatura* (Madrid)
XXVI (julio-diciembre 1964).

MEDINA, G., «Dos caminos». *Aulas* (Madrid) n.°. 13 (marzo 1964).

MOLLÁ, Juan, «Dos caminos». *El Ciervo* (Madrid) n.° 132 (febrero,
1965).

MORALES, Rafael, «La otra realidad de Elena Andrés». *Arriba* (Madrid) 16 julio 1964.

PINILLOS, M., «Dos caminos». *Alamo* (Salamanca) febrero 1964.

ROLDÁN, M., «La pasión y el sueño». *Tele-Radio* (Madrid) n.° 333
(17 de mayo 1964).

Desde aquí mis señales

ANON, «Desde aquí mis señales». *Ya* (Madrid) 5 octubre 1972.

BLANCO AMOR, José, «Desde aquí mis señales»*La Nación* (Buenos
Aires) febrero 1973.

CASTAÑO, A., «Desde aquí mis señales». *Reseña* (Madrid) n.° 59,
noviembre 1972.

CASTROVIEJO, Concha, «Desde aquí mis señales» *Hoja del Lunes*
(Madrid) 4 octubre 1971.

DOLÇ, Miguel, «El pensamiento orgánico de Elena Andrés». *Destino* (Barcelona) n.° 1786 diciembre 1971.

MIRÓ, Emilio, «Desde aquí mis señales», *Ínsula* (Madrid) no. 500-
501 (noviembre-diciembre1971) : 15.

MOLERO, J.C., «Desde aquí mis señales», *Madrid* (Madrid) 1971.

MURCIANO, Carlos, «Desde aquí mis señales de Elena Andrés». *Poesía
Hispánica* n.° 230 Segunda Epoca (febrero 1972).

ORTEGA, Juan Pablo, «Desde aquí mis señales». *La Estafeta Literaria* (Madrid) n.° 478 (15 octubre 1971).

SANTERBÁS RODRÍGUEZ, Santiago, «Las señales de Elena Andrés».
Triunfo (Madrid) n.° 481(diciembre,1971).

VILLAR, A. del, «Señal de Elena Andrés». *Alerta* (Santander) 28 septiembre 1971.

Trance de la vigilia colmada

LACASA, Cristina, «Realidad y alucinación». *Nueva Estafeta* (Madrid) (enero 1981):101-102.

RICA, Carlos de, «La ciudad para Elena Andrés». *Los mimbres de
mi cesta*. Madrid: El Loro de barro, 1986:103-104.

Talismán de identidad

LEVY, Elvira, «Elena Andrés. Talismán de identidad». *Zurgai.
Revista Literaria*, (Bilbao) (junio 1993): 145-46.

Arrillaga, Luis, «Consecuente aventura». *Zurgai. Revista Literaria*, (Bilbao) (junio 1993): 18.
Hierro, Nicolás del, «Talismán de identidad». *Luces y Sombras* (Madrid) año II n.º 6 : 15.

Paisajes conjurados
Mollá, Juan, «Paisajes conjurados». *República de las Letras* (Madrid) n.º 59 (noviembre 1998): 119-121.
Wall, Catharine E., «Paisajes conjurados». *Alaluz* año XXI nos. 1 y 2, (primavera-otoño 1999): 85-87.
Ríos Ruiz, «Paisajes conjurados».*La estafeta literaria* (Madrid) (octubre 1998).

Presencia en antologías poéticas

Agrupación Hispana de Escritores, ed., *Alisma*, Segunda Epoca n.º 13 (marzo1988) «Los seres de la noche», «A Francisco de Quevedo», «En el espejo errante» 3-9.
Asociación Prometeo de Poesía, ed., *Poemas de Madrid*, Madrid: Puerta de Alcalá, 1985, «Parque del Retiro». 16-17.
Canente Revista Literaria de Levante (Málaga) n.º 5, 1989 «Propósito I». «En el espejo errante».165-66.
Fagundo, Ana María, «Poesía femenina española del siglo xx: 1900-1940». *Alaluz*, Año xx - núms 1, 2 (primavera-otoño 1987-1989)
González de Langarita, Pablo, ed., «Clavel bufo», *Zurgai (Dedicado a*
Jiménez Faro, Luz María. ed., «Pasamos por los arcos», «Tiras de nuevo al viento», «Lluvia». *Panorama antológico de poetisas españolas. siglos XV al XX*. Madrid: Torremozas, 1987: 205-212.
Lagos, Ramiro, ed., *Voces femeninas del mundo hispánico*. Madrid: Bogotá (s.f.) «Al hijo que no tengo». 359-60.
Ledesma Criado, José, ed., *Alamo, Revista de Poesía*. Salamanca: Junta de Castilla y León,1992».Muerte salvada»..
Lentini, R. M., ed., *Hora de Poesía* (Málaga) n.º 81-82 (mayo-agosto 1992) «El gesto», «Propósito II», «Conjuro». «En memoria». 133.
Litoral, Número dedicado a «Mujeres poetas» (Málaga, 1986).
Taller Prometeo de Poesía Nueva, ed., «El charco». *Antología homenaje a Juan Ramón Jiménez*, Madrid: Poesía Nueva, 1981 : 9.
Turia Revista Cultural n.º 12. Instituto de Estudios Turolenses: Diputación de Teruel, 1989 «Los seres de la noche» 75.
Villar, Arturo del, ed., *Con Juan Ramón*. Madrid: Aldebarán, 1978.

Otras obras consultadas

Batlló, José, *De la nueva poesía española*. Madrid: Ciencia Nueva «El Bardo», 1968.

CHODOROV, Nancy, *Feminism and Psychoanalytic Theory*. New Haven and London: Yale University Press, 1989.

CIXOUS, Hélène, *La risa de la medusa, ensayos sobre la escritura*, trad. Ana María Moix. Barcelona: Anthropos, 1995.

CON DAVIS, Robert, «Lacan, Poe, and Narrative Repression» in *Lacan and Narration. The Psychoanalytic Difference in Narrative Theory*. ed. Robert Con Davis. Baltimore: The John Hopkins Univeristy Press, 1983, 983-1005.

EAGLETON, Mary, ed., *Feminist Literary Criticism* New York: Longman Inc. 1991.

FREUD, Sigmund, *The Standard Edition of the Complete PsychologicalWritings of Sigmund Freud*, Vol. 14 trans. James Strachey. London: The Hogarth Press, 1955.

GALLOP, Jane, *The Daughters of Seduction: Feminism and Psychoanalysis* . New York: Cornell University Press, 1982.

GARCÍA DE LA CONCHA, Víctor, *Poesía española de posguerra*. Madrid: Prensa Española, 1973.

GARCÍA MARTÍN, José Luis, *La segunda generación poética de posguerra*. Badajoz: Diputación de Badajoz, 1986.

GILBERT, Sandra y Cheri REGISTER, «What do Feminist Critics Want?» en Elaine Shawalter ed.*The New Feminist Criticism: Essays on Women, Literature and Theory* . London: Virago, 1986.

GILMORE, Leigh, *Autobiographics. A Feminist Theory of Women's Self-Representation*. Ithaca and London: Cornell Univeristy Press, 1994 .

GULLÓN, Ricardo, «¿Hubo un surrealismo español?». *Surrealismo/ surrealismos. Latinoamérica y España*. ed. Peter G. Earle y Germán Gullón. Philadephia: Department of Romance Languages. University of Pennsylvania (s.f. circa 1975):118-130.

JIMÉNEZ FRONTÍN, José Luis, *Movimientos literarios de vanguardia*. Barcelona: Salvat 1973.

JIMÉNEZ, José Olivio, *Diez años de poesía española (1960-1970)*. Madrid: Insula, 1972.

KRISTEVA, Julia, *Revolution in Poetic Language*. trad. Margaret Waller. New York: Columbia Univerity Press, 1984.

LACAN, Jacques, *Ecrits : Le Séminaire sur la lettre volé*. 16. Paris:Editions du Seuil, 1966.

LEMAIRE, Anika, *Jacques Lacan*. London and New York: Routledge and Kegan Paul, 1991.

MANTERO, Manuel, *Poesía española de posguerra*, Madrid: Espasa Universidad, 1986.

MARCO, Joaquín, *Poesía española de siglo xx*. Barcelona Edhasa, 1986.

MAYORAL, Marina, *Poesía española contemporánea*. Madrid: Gredos, 1973.

MITCHELL, Juliet, *Psychoanalysis and Feminism*. London: Harmondsworth Penguin, 1974.

MOI, Toril, *The Kristeva Reader*. New York: Columbia University Press, 1986.

RUBIO, Fanny y José Luis FALCÓ, *Poesía española contemporánea*. Madrid: Alhambra, 1981.

SHOWALTER, Elaine, «Literary Criticism in the Wilderness» en Elizabeth Able ed. *Writing and Sexual Difference* . Chicago: Univeristy of Chicago Press, 1982.

SHOWALTER, Elaine, ed., *The New Feminist Criticism: Essays on Women, Literature and Theory* . London: Virago, 1986.

SHOWALTER, Elaine, *Speaking of Gender* . New York: Routledge, Chapman and Hall, 1989.

UGALDE, Sharon Keefe, *Conversaciones y poemas. La nueva poesía femenina en castellano* (Madrid: siglo XXI, 1991).

ZAMBRANO, María, *Filosofía y poesía.* (1939). México, Madrid, Buenos Aires: Fondo de Cultura Económica, 1987.

ZARDOYA, Concha, *Poesía española del siglo xx*, volumen IV. Madrid: Gredos, 1974.

ÍNDICE

		Págs.

INTRODUCCIÓN 7

I. ELENA ANDRÉS EN EL PANORAMA DE LA POESÍA DE LA SEGUNDA MITAD DEL SIGLO XX.... 17

II. LA RECEPCIÓN CRÍTICA 21

III. HABLA LA POETA 32

VI. ASPECTOS BIOGRÁFICOS 35

V. UN ANÁLISIS DE LA POESÍA 39

    1. SURREALISMO, INCONSCIENTE Y POESÍA 39
    2. EL IMPOSIBLE HUMANISMO 41
    3. LA FRAGMENTACIÓN DEL YO 43
    4. CUERPO ALIENADO 48
        Espalda 51
        Manos 53
        Dedos 56
    5. LA MIRADA 57
    6. CARNAVAL 62
    7. METAMORFOSIS 65
    8. HORA INCIERTA 68
    9 LA NOCHE 71

VI. LO MATERNO Y LO FEMENINO 74

    1. ESA VOZ DE SIBILA 78
    2. UNA CUESTIÓN DE GÉNERO 81
    3. LO AUTOBIOGRÁFICO Y EL AMOR 88
    4. LO ANCESTRAL Y LA MUERTE 97
    5. DE LA SANGRE 103

Págs.

VII.   LA POTENCIA DE LA PALABRA POÉTICA 107

  1. El mar, las nubes, la niebla 110
  2. Poesía, locura y lucidez 112
  3. La lucha con la lengua 117
  4. Aislamiento y comunicación 119

VIII. CONCLUSIONES 124

BIBLIOGRAFÍA 129

  Obras de Elena Andrés 129
  Traducciones 129
  Artículos sobre la poesía de Elena Andrés 129
  Reseñas 130
  Antologías 132
  Otras obras consultadas 132

ESTE LIBRO SE TERMINÓ DE IMPRIMIR EL DÍA 9 DE
ABRIL DE 2001, FESTIVIDAD DE SANTA CASILDA,
EN LOS TALLERES DE IMPRENTA TARAVILLA,
MESÓN DE PAÑOS, 6. 28013 MADRID.